Teresa Novillo 감수자

Universidad Europea de Madrid. Journalism (Periodismo) 졸업
- 現 스패니시마스터 원어민 대표 강사 - 일상회화 표현 200
- 現 마드리드 방송국 Dejate TV 기자
- 유튜브 Corea para principiantes 채널 운영
- 한국어능력시험(TOPIK) 5급 취득
- 서강어학당 6급 수료

Spanishmaster
900+
Vocabulario
y
gramática ①

초판 1쇄 발행 2025년 5월 30일
지은이 스패니시마스터
펴낸이 이상철
펴낸곳 주식회사 디지털헤럴드

출판등록 2014년 12월 10일 (제2024-000175호)
주소 서울특별시 중구 남대문로 10길 6, 4층

콘텐츠 개발 및 책임편집 명수진
디자인 및 일러스트 김예림, 변혜림, 김예영
이미지 출처 Getty Images Bank
마케팅 이정화

임프린트 스패니시마스터
홈페이지 spanishmaster.co.kr

대량구입문의 홈페이지 고객센터로 문의 부탁드립니다.

이 책은 저작권법에 의해 보호받는 저작물이므로 무단전재와 무단복제를 금지하며,
이 책 내용의 전부 또는 일부를 이용하려면 반드시 저작권자와 서면동의를 받아야 합니다.

잘못된 책은 구입처에서 바꿔드립니다.

ISBN 979-11-989868-0-1(13770)

정가 : 17,000원

Spanishmaster

900+
Vocabulario y gramática ①

Spanishmaster

900+

Vocabulario
y
gramática ①

◆ Introducción ◆

Spanishmaster: vocabulario y gramática는 스페인어 초급 학습자를 위해 특별히 기획하였습니다.

스페인어 초급 학습자를 위한 다양한 연습문제로 문법, 어휘, 독해를 체계적으로 연습할 수 있는 실용적인 자기 주도 학습서입니다. 자신의 스페인어 실력을 효과적으로 평가할 수 있도록 돕는 것을 최종 학습 목표로 하고 있습니다.

기본적인 표현과 의사소통 내용을 다룬 여섯 개의 텍스트는 스페인어권 국가의 일상생활과 문화를 더 잘 이해할 수 있습니다. 스페인어 어휘와 문법 공부에 도움이 되며 더 나아가 독해 능력을 키우는 연습을 할 수 있습니다.

그리고 모든 연습문제를 마친 뒤, 책에서 다룬 문법과 어휘로 만들어진 종합 평가테스트를 풀어 배운 내용을 스스로 점검 및 확인할 수 있습니다.

Spanishmaster: vocabulario y gramática에는 모든 연습문제의 정답이 있는 정답지와 문제를 이해하는 데 필요한 모든 스페인어 어휘가 한국어 뜻과 함께 어휘집으로 포함되어 있습니다.

아울러, 각 연습문제 상단에 자신의 정답 수를 기록하고 틀린 문제는 복습하며 학습 진척도를 체계적으로 관리하시기 바랍니다.

스패니시마스터가 여러분의 스페인어 마스터 도전을 응원하겠습니다.

스패니시마스터 드림

◆ Introducción ◆

Spanishmaster: vocabulario y gramática ha sido concebido específicamente para estudiantes que ya han adquirido conocimientos básicos de gramática y vocabulario del español.

Es un manual práctico de autoaprendizaje para principiantes con el que se puede practicar gramática, vocabulario y comprensión lectora a través de los numerosos ejercicios que proponemos.

El objetivo de este libro es que los estudiantes puedan evaluar su nivel de español de manera efectiva.

Se incluyen seis textos que contextualizan contenidos lingüísticos y comunicativos básicos para ayudar a los estudiantes a comprender mejor la realidad cotidiana y cultural de los países hispanohablantes. Estos textos no solo apoyan el aprendizaje de vocabulario y gramática, sino que también contribuyen al desarrollo de habilidades de comprensión lectora.

Al final de cada ejercicio, hay un test de autoevaluación que sirve como un repaso global de la gramática y vocabulario incluidos en el libro. Gracias a esto, podrá conocer su nivel de español.

Spanishmaster: vocabulario y gramática incluye al final un solucionario con las respuestas de todos los ejercicios propuestos y un glosario traducido al coreano con todo el vocabulario necesario para comprender los ejercicios.

Además, en la parte superior de cada ejercicio hay un espacio para indicar el balance de sus aciertos. Aproveche este espacio para registrar su puntuación.

Índice

Vocabulario   Aciertos

Ejercicio 01: cuerpo humano ·· 12   / 10
Ejercicio 02: familia ·· 13   / 10
Ejercicio 03: ropa ·· 14   / 10
Ejercicio 04: bebidas y refrescos ································ 15   / 10
Ejercicio 05: comida ·· 16   / 10
Ejercicio 06: profesiones ·· 18   / 10
Ejercicio 07: casa ·· 19   / 10
Ejercicio 08: palabra intrusa 1 ····································· 20   / 10
Ejercicio 09: accesorios ·· 21   / 10
Ejercicio 10: palabra intrusa 2 ····································· 23   / 10
Ejercicio 11: los días de la semana ····························· 24   / 10
Ejercicio 12: medios de transporte ······························ 25   / 10
Ejercicio 13: hotel ·· 27   / 10
Ejercicio 14: aeropuerto ·· 28   / 10
Ejercicio 15: turismo ·· 29   / 10
Ejercicio 16: conducción ··· 30   / 10
Ejercicio 17: farmacia ·· 31   / 10
Ejercicio 18: hospital ·· 32   / 10
Ejercicio 19: datos personales ····································· 33   / 10
Ejercicio 20: escuela ·· 34   / 10
Ejercicio 21: empresa ·· 35   / 10
Ejercicio 22: baño y cocina ·· 36   / 10
Ejercicio 23: salón y dormitorio ···································· 38   / 10
Ejercicio 24: electrodomésticos ··································· 39   / 10

Vocabulario Aciertos

Ejercicio 25: receta .... 40 / 10

Gramática Aciertos

Ejercicio 26: el artículo definido .... 41 / 10

Ejercicio 27: el artículo indefinido .... 42 / 10

Ejercicio 28: masculino, femenino .... 43 / 10

Ejercicio 29: singular, plural .... 44 / 10

Ejercicio 30: adjetivos .... 45 / 10

Ejercicio 31: posesivos (1) .... 46 / 10

Ejercicio 32: demostrativos .... 47 / 10

Ejercicio 33: presente de indicativo de *ser* .... 48 / 10

Ejercicio 34: presente de indicativo de *estar* .... 49 / 10

Ejercicio 35: contraste entre *ser* y *estar* .... 50 / 10

Ejercicio 36: presente de indicativo: verbos regulares .... 51 / 10

Ejercicio 37: presente de indicativo: verbos irregulares .... 52 / 10

Ejercicio 38: *estar* + gerundio .... 53 / 10

Ejercicio 39: el clima .... 54 / 10

Ejercicio 40: la hora en español .... 55 / 10

Ejercicio 41: verbo con objeto indirecto: *gustar* .... 56 / 10

Ejercicio 42: comparativos .... 57 / 10

Ejercicio 43: superlativos (1) .... 58 / 10

Ejercicio 44: superlativos (2) .... 59 / 10

Ejercicio 45: preposiciones (1) .... 60 / 10

Ejercicio 46: construcciones reflexivas .... 61 / 10

Ejercicio 47: presente de *ir a* + infinitivo (1) .... 62 / 10

Ejercicio 48: presente de *ir a* + infinitivo (2) .... 63 / 10

Índice

Gramática

Aciertos

Ejercicio 49: pretérito perfecto de indicativo: verbos regulares ·········· 64 / 10

Ejercicio 50: pretérito perfecto de indicativo: verbos irregulares ········ 65 / 10

Ejercicio 51: pretérito perfecto de indicativo: verbos reflexivos ········· 66 / 10

Ejercicio 52: pretérito indefinido: verbos regulares ·········· 67 / 10

Ejercicio 53: pretérito indefinido: verbos irregulares ·········· 68 / 10

Ejercicio 54: pretérito indefinido: verbos regulares e irregulares ·········· 69 / 10

Ejercicio 55: pretérito imperfecto ·········· 70 / 10

Ejercicio 56: contraste entre pretérito indefinido y pretérito imperfecto ········ 71 / 10

Ejercicio 57: pronombres personales de complemento directo (1) ·········· 72 / 10

Ejercicio 58: pronombres personales de complemento directo (2) ·········· 73 / 10

Ejercicio 59: pronombres personales de complemento indirecto ·········· 74 / 10

Ejercicio 60: pronombres de complemento indirecto y directo (1) ·········· 75 / 10

Ejercicio 61: preposiciones (2) ·········· 76 / 10

Ejercicio 62: preposiciones (3) ·········· 77 / 10

Ejercicio 63: imperativo afirmativo (1) ·········· 78 / 10

Ejercicio 64: imperativo afirmativo (2) ·········· 79 / 10

Ejercicio 65: imperativo negativo ·········· 80 / 10

Ejercicio 66: imperativo: verbos reflexivos ·········· 81 / 10

Ejercicio 67: imperativo afirmativo y negativo ·········· 82 / 10

Ejercicio 68: futuro simple: verbos regulares ·········· 83 / 10

Ejercicio 69: futuro simple: verbos irregulares ·········· 84 / 10

Ejercicio 70: futuro simple: verbos regulares e irregulares ·········· 85 / 10

Ejercicio 71: condicionales ·········· 86 / 10

Ejercicio 72: oraciones de relativo (1) ·········· 87 / 10

Gramática

Aciertos

Ejercicio 73: oraciones de relativo (2) .... 88 / 10
Ejercicio 74: conjunciones (1) .... 89 / 10
Ejercicio 75: conjunciones (2) .... 90 / 10
Ejercicio 76: conjunciones (3) .... 91 / 10
Ejercicio 77: posesivos (2) .... 92 / 10
Ejercicio 78: pronombres de complemento indirecto y directo (2) .... 94 / 10
Ejercicio 79: verbos con objeto indirecto: *gustar, encantar, interesar, dar molestar, quedar, caer* .... 95 / 10
Ejercicio 80: números cardinales .... 96 / 10
Ejercicio 81: números ordinales .... 97 / 10
Ejercicio 82: [lo + que...] .... 98 / 10
Ejercicio 83: perífrasis verbales .... 99 / 10
Ejercicio 84: los tiempos verbales: pasado, presente y futuro .... 100 / 10
Ejercicio 85: usos de *se* .... 101 / 10
Ejercicio 86: imperativo afirmativo y negativo (1) .... 102 / 10
Ejercicio 87: imperativo afirmativo y negativo (2) .... 103 / 10
Ejercicio 88: imperativo afirmativo y negativo (3) .... 104 / 10
Ejercicio 89: pretérito pluscuamperfecto de indicativo .... 105 / 10
Ejercicio 90: contraste de pasados .... 106 / 10
Test de autoevaluación .... 107 / 10

Comprensión de lectura

Texto 1 117
Texto 2 118
Texto 3 119
Texto 4 120

Índice

Comprensión de lectura

Texto 5 121
Texto 6 122

Vocabulario 127
Soluciones 148
Traducciones 163

Ejercicio 01 | Cuerpo humano

Fecha: _____ Aciertos: _____ / 10

Completa los recuadros con las palabras correctas.

| pelo | nariz | pecho | ojo | cuello |
| cara | oreja | cabeza | boca | brazo |

01
02
03
04
05
06
07
08
09
10

Familia

Fecha: _____ Aciertos: _____ / 10

Completa las frases con las palabras del recuadro.

hijos	tía	hermanos	hija	marido
abuelo	abuela	tío	padres	hermana

01 El padre de mi padre es mi _____.

02 Los hijos de mis padres son mis _____.

03 La madre de mi prima es mi _____.

04 La hija de mis padres es mi _____.

05 La madre de mi padre es mi _____.

06 El hermano de mi padre es mi _____.

07 Los _____ de mis tíos son mis primos.

08 La _____ de mis abuelos es mi madre.

09 Mi padre y mi madre son mis _____.

10 El _____ de mi madre es mi padre.

Ejercicio 03 | Ropa

Fecha: _____   Aciertos: ____ / 10

Completa las palabras con una sílaba de los recuadros de la derecha.

01    ca_____sa   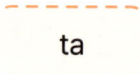 que

02    camise_____    ta

03    jer_____   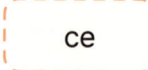 ti

04    ves_____do   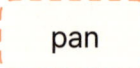 ce

05    _____da   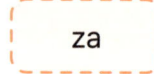 pan

06  _____talones    za

07  cha_____ta   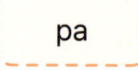 mi

08  cal_____tines   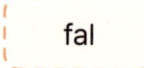 pa

09  _____patos    fal

10  ro_____   sey

Ejercicio 04 | Bebidas y refrescos

Fecha: _____   Aciertos: _____ / 10

Une las dos columnas.

01    ⓐ café

02    ⓑ postre

03    ⓒ té

04    ⓓ tarta

05    ⓔ helado

06    ⓕ agua

07    ⓖ zumo

08    ⓗ refresco

09    ⓘ batido

10    ⓙ cerveza

Ejercicio 05 | Comida

Fecha: _____ Aciertos: _____ / 10

Mira la imagen y selecciona la palabra correcta.

01
① sal
② pollo
③ ajo
④ arroz

02
① sopa
② ensalada
③ pescado
④ comida

03
① azúcar
② marisco
③ pasta
④ pizza

04
① naranja
② gamba
③ cerdo
④ mejillón

05
① calamar
② cangrejo
③ vinagre
④ ensalada

Ejercicio 05 | Comida

Fecha: _____ Aciertos: _____ / 10

Mira la imagen y selecciona la palabra correcta.

06
① huevo
② aceite
③ vino
④ mantequilla

07
① sangría
② queso
③ agua
④ leche

08
① jugo
② cerveza
③ café con leche
④ helado

09
① tarta
② napolitana
③ fresa
④ manzana

10
① helado
② salmón
③ gamba
④ té verde

Profesiones

Ejercicio 06

Fecha: _____ Aciertos: _____ / 10

Mira la imagen y completa con la palabra correcta.

01
_____

02
_____

03
_____

04
_____

05
_____

06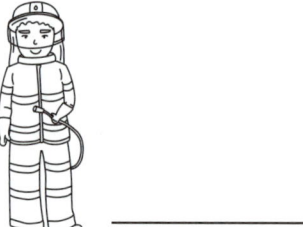
_____

07
_____

08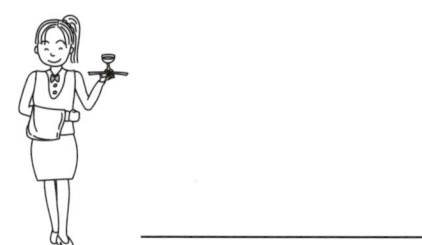
_____

09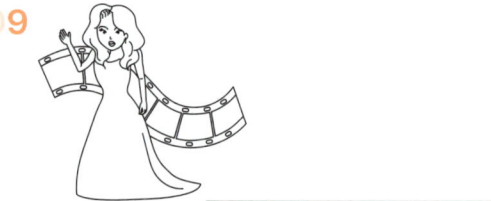
_____

10
_____

Ejercicio **07**

| **Casa**

Fecha: _____   Aciertos: _____ / 10

Completa las palabras con una sílaba de los recuadros del centro.

01 ca _____

05 _____ mitorio

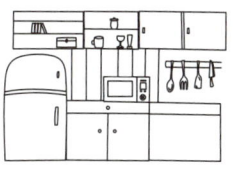

07 co _____ na

02 _____ eble

dor	ci
ño	mu
fá	ma
sa	ción
si	lón

08 so _____

03 sa _____

09 ca _____

04 habita _____

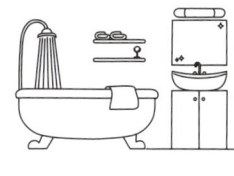

06 ba _____

10 _____ lla

Palabra intrusa 1

Fecha: _____ Aciertos: _____ / 10

Encuentra la palabra que no pertenece al grupo.

01 hermano · madre · padre · abogada

02 dos · siete · cuatro · treinta

03 hija · tía · madre · abuelo

04 tren · silla · autobús · metro

05 cama · cocina · sofá · clase

06 este · esta · estos · es

07 yo · tú · vuestro · ustedes

08 actriz · bombero · artista · canción

09 España · Francia · China · Seúl

10 gato · pez · guepardo · chico

Ejercicio 09 | Accesorios

Fecha: _____   Aciertos: _____ / 10

Mira la imagen y selecciona la palabra correcta.

01
① anillo
② gorro
③ pantalones
④ gafas

02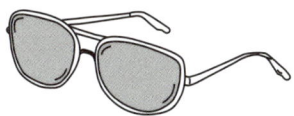
① gafas de sol
② gafas
③ corbata
④ sombrero

03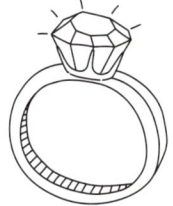
① anillo
② pulsera
③ collar
④ reloj

04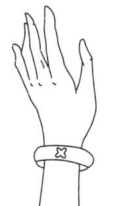
① camiseta
② jersey
③ anillo
④ pulsera

05
① reloj de pulsera
② collar
③ chaqueta
④ pendientes

Ejercicio 09 | Accesorios

Fecha: _____ Aciertos: ____ / 10

Mira la imagen y selecciona la palabra correcta.

06
① pendientes
② corbata
③ cinturón
④ gorra

07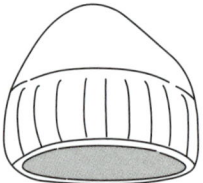
① sudadera
② gorro
③ pantalones
④ gafas

08
① cinturón
② collar
③ pulsera
④ corbata

09
① pulsera
② gorro
③ gorra
④ gafas

10
① anillo
② gorro
③ reloj de pulsera
④ pantalones

Ejercicio 10 | Palabra intrusa 2

Fecha: _____ Aciertos: _____ / 10

Encuentra la palabra que no pertenece al grupo.

01 alto · estudiante · gordo · bajo

02 pelo liso · pelo ondulado · calvo · guapo

03 simpático · amable · antipático · majo

04 triste · alegre · feliz · contento

05 cantar · juguete · hablar · bailar

06 caminar · correr · pasear · dar una vuelta

07 pan · zumo · bocadillo · farmacia

08 colegio · hospital · artista · restaurante

09 tienda · arroz · calle · estación

10 grande · pequeño · amplio · bien

Los días de la semana

Fecha: _____ Aciertos: _____ / 10

Investiga y completa el crucigrama.

Lista de palabras

| domingo | jueves | mañana | miércoles | sábado |
| hoy | lunes | martes | noche | viernes |

Horizontales
02 Este día
04 El quinto día (5.º) de la semana
07 El día después de hoy
08 El segundo día (2.º) de la semana
09 El séptimo día (7.º) de la semana
10 El cuarto día (4.º) de la semana

Verticales
01 Parte del día después de la tarde
03 El primer día (1.º) de la semana
05 El sexto día (6.º) de la semana
06 El tercer día (3.º) de la semana

Ejercicio 12 | Medios de transporte

Fecha: _____   Aciertos: _____ / 10

Mira la imagen y selecciona la palabra correcta.

01
① transporte
② autobús
③ metro
④ tren

02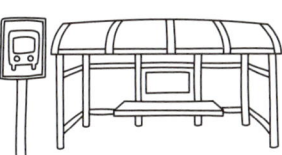
① medios de transporte
② andén
③ estación
④ parada

03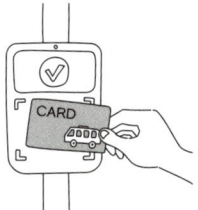
① transbordo
② billete
③ tarjeta de transporte
④ correspondencia

04
① conductor
② asiento
③ estación
④ metro

05
① taxi
② autobús
③ bicicleta
④ metro

| Medios de transporte

Ejercicio 12

Fecha: _____   Aciertos: _____ / 10

Mira la imagen y selecciona la palabra correcta.

06
① asiento
② billete
③ andén
④ tarjeta de transporte

07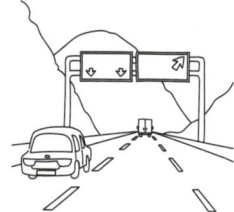
① avión
② camión
③ calle
④ carretera

08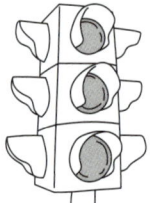
① semáforo
② crucero
③ carretera
④ rotonda

09
① asiento
② bicicleta
③ avión
④ barco

10
① camión
② motocicleta
③ tren
④ metro

| Hotel

Fecha: _____ Aciertos: _____ / 10

Completa las frases con las palabras relacionadas con el vocabulario de hotel.

> habitación triple   desayuno   recepción   check-out   aparcamiento
> recepcionista   check-in   maleta   con vistas al   reserva

01 ¿Puedo dejar mi _____ aquí?

02 Es una habitación _____ mar.

03 En la recepción, el _____ nos dará la llave de la habitación.

04 ¿A qué hora es el _____?

05 Queremos una _____ para tres personas.

06 El _____ está incluido en el precio de la habitación.

07 El _____ del hotel es gratuito para los huéspedes.

08 Necesito hacer una _____ para dos noches.

09 La _____ está abierta las 24 horas.

10 El _____ es a las 11:00.

| Aeropuerto

Fecha: _____   Aciertos: ____ / 10

Completa la palabra apropiada que corresponda al número de la imagen.

tarjeta de embarque   equipaje   avión   pasaporte   control de seguridad
equipaje de mano   piloto   puerta   azafata   cinta de equipaje

01 _____   06 _____

02 _____   07 _____

03 _____   08 _____

04 _____   09 _____

05 _____   10 _____

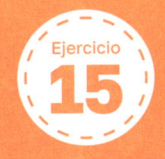

Ejercicio 15

| Turismo

Fecha: ______________ Aciertos: ______ / 10

Mira estas imágenes y encuentra 10 palabras en esta sopa de letras.

1
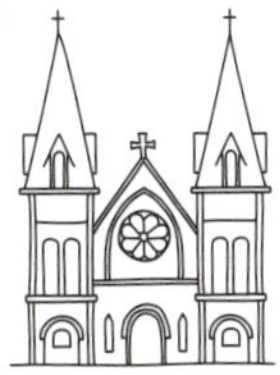

2
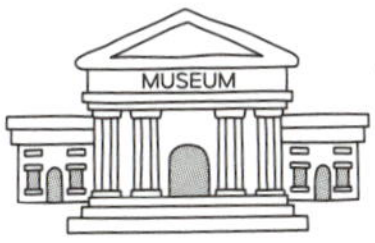

3
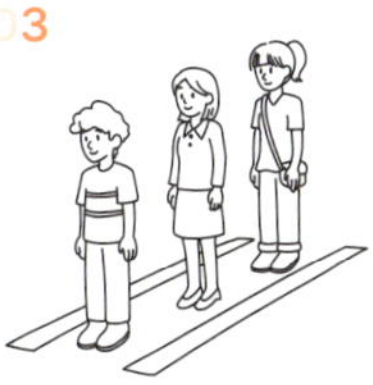

4
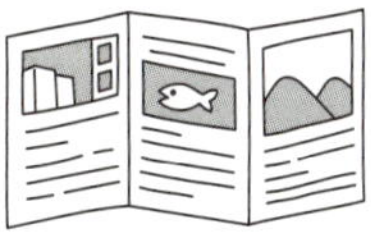

5
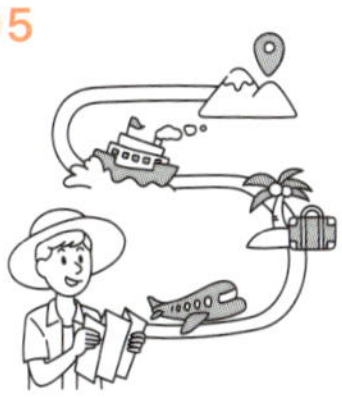

6
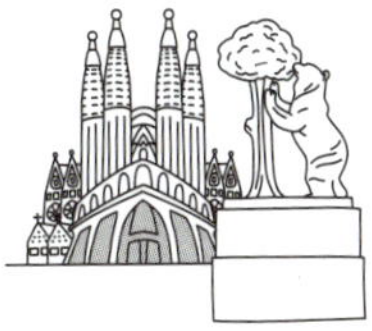

7
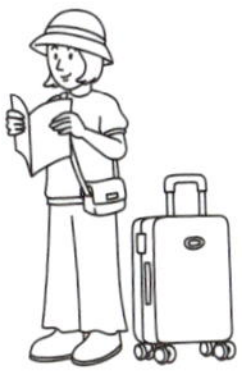

8
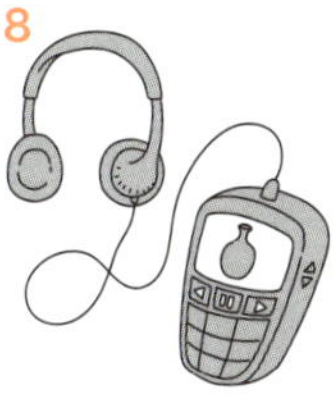

9
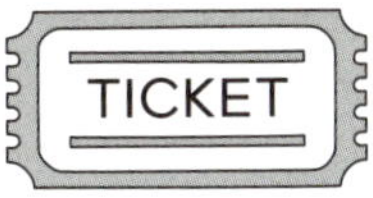

10
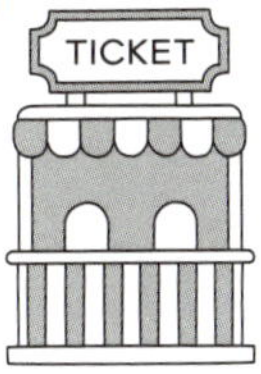

C	A	T	E	D	R	A	L	U	C	H	M
I	M	C	A	K	M	U	S	E	O	E	T
T	O	G	U	F	Y	W	F	I	L	A	A
I	N	T	D	F	O	L	L	E	T	O	Q
N	U	U	I	W	G	Z	R	U	Q	E	U
E	M	R	O	F	G	J	P	L	N	A	I
R	E	I	G	Z	A	X	H	T	A	L	L
A	N	S	U	I	M	U	R	H	Q	R	L
R	T	T	Í	T	U	A	Q	I	N	T	A
I	O	A	A	P	D	V	K	T	D	R	A
O	C	D	V	A	U	B	J	D	T	T	K
O	X	M	H	E	D	Y	T	E	M	T	P

Ejercicio 16 | Conducción

Fecha: _____   Aciertos: _____ / 10

Completa las frases con las palabras relacionadas con el vocabulario de conducción.

> depósito   alquilar   motocicleta   combustible   carné de conducir
> autopista   seguro   paso de peatones   devolver   cinturón de seguridad

01 Para conducir legalmente, es necesario obtener un _____.

02 Antes de un viaje largo, es importante revisar el _____ del coche.

03 Los coches eléctricos no necesitan _____, solo electricidad.

04 Es importante que todos los pasajeros se pongan el _____.

05 Al conducir en una _____, debes mantener una velocidad constante y segura.

06 Debes tener cuidado al cruzar un _____ y siempre mirar a ambos lados.

07 Prefiero conducir mi _____ en la ciudad porque es más fácil de aparcar que un coche.

08 Es obligatorio llevar los papeles del _____ del coche en todo momento.

09 Para nuestro viaje por Europa, decidimos _____ un coche en el aeropuerto.

10 La oficina donde tienes que _____ el coche de alquiler está abierta las 24 horas.

Farmacia

Fecha: _____ Aciertos: _____ / 10

Completa las frases con las palabras relacionadas con el vocabulario de farmacia.

> farmacéutico   antibiótico   mascarilla   alergia   desinfectante de manos
> farmacia   pastilla   tirita   crema   protector solar

01 Cuando tengo un resfriado, voy a la _____ para comprar medicamentos.

02 El _____ me recomendó tomar este jarabe para la tos.

03 La _____ se toma cada ocho horas con un vaso de agua.

04 El médico me recetó un _____ para la infección.

05 Si tienes una herida pequeña, puedes usar una _____.

06 Es importante aplicar _____ antes de salir al sol para evitar quemaduras.

07 Mi hermana tiene _____ al polen, así que siempre lleva su medicación.

08 Antes de comer, uso _____ para limpiar las manos.

09 Esta _____ es muy efectiva para las quemaduras.

10 Necesito una _____ para evitar la propagación de virus.

Hospital

Ejercicio 18

Fecha: _____   Aciertos: _____ / 10

Mira la imagen y completa con la palabra correcta.

01  H _____

02  M _____

03  D _____

04  D _____

05 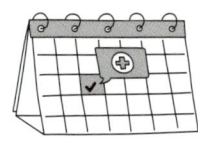 C _____

06  S _____

07  U _____

08  P _____

09  M _____

10 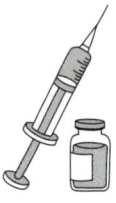 I _____

Ejercicio 19 | Datos personales

Fecha: _____ Aciertos: _____ / 10

Completa las frases con las palabras relacionadas con el vocabulario de datos personales.

> mayor de edad, menor de edad   nombre   género   estado civil   correo electrónico
> fecha de nacimiento   apellido   viuda   código postal   número de teléfono

01 ¿Me puedes decir tu _____ para completar el formulario?

02 El _____ de María es Pérez.

03 Es importante indicar si eres _____ _____ _____ o _____ _____ _____ en algunos trámites.

04 En el documento, debes marcar tu _____: hombre o mujer.

05 La _____ _____ _____ de Pedro es el 22 de marzo de 2002.

06 ¿Cuál es tu _____ _____ _____? Necesito llamarte.

07 El _____ _____ de Carmen es soltera.

08 Para enviar un paquete, es necesario saber el _____ _____ de la dirección.

09 Mi abuela es _____ porque su esposo falleció hace años.

10 ¿Puedes darme tu _____ _____ para enviarte un mensaje?

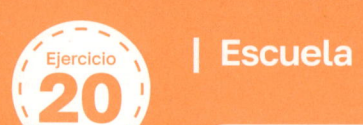

| Escuela |

Fecha: _____ Aciertos: _____ / 10

Completa las frases con las palabras relacionadas con el vocabulario de escuela.

| biblioteca | nota | primaria | bachillerato | festival |
| deberes | descanso | universidad | residencia | aula |

01 Juan está en _____ y espera graduarse para comenzar su carrera en ingeniería.

02 María va a la _____ para estudiar.

03 En el _____, los profesores enseñan y los estudiantes aprenden nuevas cosas.

04 En la _____, hay varias cafeterías y zonas de estudio.

05 Durante el _____, los alumnos tienen tiempo para relajarse y comer algo en la cafetería de la escuela.

06 Los estudiantes deben entregar sus _____ a tiempo para evitar problemas de bajas calificaciones.

07 Durante el _____, hay muchas actividades culturales y musicales.

08 Los niños de _____ están en el primer ciclo de la educación básica.

09 La _____ es un lugar donde los estudiantes pueden vivir durante el curso.

10 Al final del semestre, el estudiante recibe una _____ que refleja su rendimiento.

| Empresa

Fecha: _____ Aciertos: _____ / 10

Elige la palabra correcta para completar la frase.

01 Juan quiere _____ trabajo temprano hoy para recoger a su hijo.
    ① entrar a   ② salir del   ③ cambiar de   ④ dejar de

02 Carlos necesita _____ un día libre para asistir a una cita médica.
    ① dejar de   ② pedir   ③ hablar   ④ querer

03 María decidió _____ trabajo porque no estaba contenta.
    ① cambiar de   ② entrar a   ③ hablar   ④ quedar

04 Pedro _____ trabajo a las 7:45 de la mañana.
    ① va al   ② pide   ③ quiere   ④ vuelve

05 Mis _____ de trabajo son muy amables.
    ① compañeros   ② empresa   ③ jefe   ④ experiencia

06 Para tener éxito en la entrevista, necesitas mostrar tu _____.
    ① oficina   ② salario   ③ presidente   ④ experiencia laboral

07 Luis está feliz porque le van a _____ en su empresa.
    ① querer   ② dejar   ③ ascender   ④ pedir

08 Después de muchos años de _____ en la misma empresa, ella decidió dejar de trabajar.
    ① tomar   ② trabajar   ③ hablar   ④ volver

09 Es importante actualizar tu _____ antes de buscar trabajo.
    ① curriculum vitae   ② identidad   ③ experiencia laboral   ④ entrevista

10 Marta está nerviosa porque va a hacer una _____ en inglés.
    ① empleada   ② cambio   ③ curriculum vitae   ④ entrevista

Ejercicio 22 | Baño y cocina

Fecha: _____ Aciertos: ____ / 10

Mira la imagen y selecciona la palabra correcta.

01
① cepillo de dientes
② pasta de dientes
③ gel de ducha
④ esponja de ducha

02
① cepillo de dientes
② pasta de dientes
③ gel de ducha
④ esponja de ducha

03
① vaso
② cosméticos
③ jabón
④ champú

04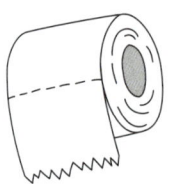
① detergente
② toalla
③ papelera
④ papel higiénico

05
① servilleta
② palillos
③ papelera
④ toalla

Ejercicio 22 | Baño y cocina

Fecha: _____   Aciertos: _____ / 10

Mira la imagen y selecciona la palabra correcta.

06
① palillos
② tenedor
③ cuchara
④ cuchillo

07
① palillos
② tenedor
③ cuchara
④ cuchillo

08
① palillos
② tenedor
③ cuchara
④ cuchillo

09
① toalla
② detergente
③ comida
④ plato

10
① vaso
② copa
③ taza
④ botella

Salón y dormitorio

Ejercicio 23

Fecha: _____   Aciertos: _____ / 10

Completa las palabras con una sílaba de los recuadros del centro.

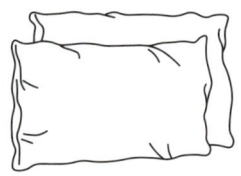

01 al_____hada

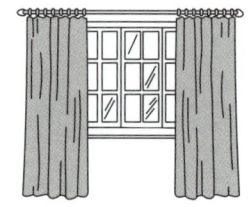

05 corti_____

07 _____pejo

02 escri_____rio

lám	es
mo	ca
na	to
fom	per
co	si

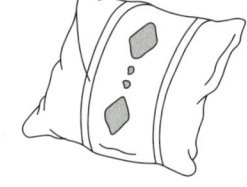

08 _____jín

03 _____llón

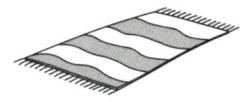

09 al_____bra

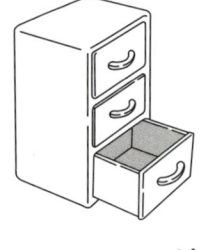

04 _____jón

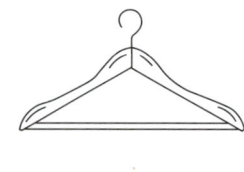

06 _____cha

10 _____para de escritorio

Electrodomésticos

Fecha: _____ Aciertos: _____ / 10

Une las dos columnas.

01  ⓐ secador de pelo

02  ⓑ lavavajillas

03  ⓒ microondas

04  ⓓ tostadora

05  ⓔ freidora

06  ⓕ lavadora

07  ⓖ arrocera

08  ⓗ aspiradora

09  ⓘ aire acondicionado

10  ⓙ nevera

| Ejercicio 25 | Receta

Fecha: _____ Aciertos: ____ / 10

Completa el crucigrama con la ayuda de las imágenes.

01 n.m.
02 v.
03 v.
04 v.
05 n.m.
06 n.f.
07 v.
08 v.
09 n.m.
10 n.f.

Ejercicio 26 | El artículo definido

Fecha: _____ Aciertos: _____ / 10

Completa con *el, la, los, las*.

01 _____ caramelo

02 _____ mujer

03 _____ casa

04 _____ leche

05 _____ ventana

06 _____ niños

07 _____ flores

08 _____ farmacia

09 _____ cocina

10 _____ pueblo

| El artículo indefinido

Fecha: _____ Aciertos: _____ / 10

Completa con *un, una, unos, unas*.

01 _____ reloj

02 _____ cuchara

03 _____ mesas

04 _____ agendas

05 _____ toros

06 _____ chicos

07 _____ amigo

08 _____ vaca

09 _____ gambas

10 _____ colegio

Ejercicio 28 | Masculino, femenino

Fecha: _____   Aciertos: ____ / 10

Escribe el femenino de los siguientes nombres.

01 chico _____

02 gato _____

03 perro _____

04 abuelo _____

05 padre _____

06 señor _____

07 marido _____

08 pianista _____

09 alumno _____

10 profesor _____

Ejercicio 29 | Singular, plural

Fecha: _____ Aciertos: ____ / 10

Escribe el plural de los siguientes nombres.

01 libro _____

02 cama _____

03 universidad _____

04 amiga _____

05 avión _____

06 tren _____

07 ciudad _____

08 director _____

09 alumno _____

10 luz _____

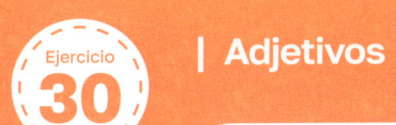

| Adjetivos |

Fecha: _____   Aciertos: _____ / 10

Lee y completa las frases con los adjetivos del recuadro.

| azul | cariñosa | útil | caliente | limpias |
| difícil | pequeño | grande | divertida | inteligente |

01 Aprender español es _____.

02 Mi ciudad es _____.

03 El café está _____.

04 Necesitamos un coche _____.

05 La fiesta fue _____.

06 Mi perro es muy _____.

07 Me gusta cuando el cielo está _____.

08 El profesor nos mandó una tarea _____ para el examen.

09 Mi madre es muy _____ y siempre me cuida con amor.

10 Me gusta escribir en hojas _____.

Posesivos (1)

Fecha: _____   Aciertos: _____ / 10

Lee y completa las frases con el posesivo.

01 ¿Dónde está _____ coche? **(usted)**

02 ¿Dónde viven _____ amigos? **(tú)**

03 Este es _____ colegio. **(nosotros)**

04 _____ pasaporte es azul. **(yo)**

05 _____ hermano trabaja en España. **(ella)**

06 Este es _____ problema. **(vosotros)**

07 _____ casa es grande. **(él)**

08 _____ país es muy hermoso. **(nosotros)**

09 _____ compañeros son de distintos países. **(yo)**

10 Juan vive con _____ mujer cerca del colegio. **(él)**

Demostrativos

Fecha: _____   Aciertos: _____ / 10

Elige la palabra correcta.

01 **(Este / Esta)** es el mapa de Corea.

02 **(Este / Esto)** bolígrafo es de Juan.

03 **(Estas / Esta)** es mi familia.

04 **(Estas / Estos)** chicas son de mi clase.

05 **(Este / Esta)** clase es muy grande.

06 **(Esta / Este)** televisión es nueva.

07 Me gusta **(este / esta)** cartera.

08 ¿Cuánto cuesta **(estas / este)** diccionario?

09 ¿Dónde pongo **(estas / estos)** sillas?

10 Quiero comprar **(estos / estas)** zapatos.

Presente de indicativo de *ser*

Fecha: _____ Aciertos: _____ / 10

Completa con el verbo *ser*.

01 Yo _____ médico.

02 Tú _____ periodista.

03 Él _____ estudiante.

04 Ella _____ profesora.

05 Nosotros _____ policías.

06 Vosotros _____ actores.

07 Ellos _____ camareros.

08 Tú y yo _____ compañeros.

09 Pedro y tú _____ hermanos.

10 Felipe y Jorge _____ amigos.

Presente de indicativo de estar

Fecha: _____   Aciertos: _____ / 10

Completa con el verbo *estar*.

01 Yo _____ feliz.

02 Tú _____ con gripe.

03 ¿Cómo _____ ustedes?

04 Ana _____ en Argentina.

05 Ellos _____ en el primer piso.

06 Mi marido _____ en la oficina.

07 Nosotros _____ en el parque.

08 El libro _____ encima de la mesa.

09 ¿Vosotros _____ en el cine?

10 Mi casa _____ en el centro de Madrid.

Contraste entre *ser* y *estar*

Fecha: _____   Aciertos: _____ / 10

Completa con el verbo *ser* o *estar*.

01 Esa peluquería _____ nueva en el barrio.

02 Nosotros _____ en el mercado.

03 Francisco y yo _____ de Madrid.

04 Pedro _____ dentista.

05 ¿Tú _____ Teresa?

06 ¿Ustedes _____ en México?

07 Estos zapatos _____ muy caros.

08 Mañana _____ el día de mi cumpleaños.

09 Galicia _____ en el norte de España.

10 Miguel hoy _____ muy nervioso, pero normalmente _____ una persona tranquila.

Presente de indicativo: verbos regulares

Fecha: _____ Aciertos: _____ / 10

Completa con los verbos entre paréntesis.

01 Yo _____ español. **(estudiar)**

02 Tú _____ a las ocho. **(desayunar)**

03 Cecilia _____ muy despacio porque está cansada. **(caminar)**

04 Mi hermano _____ en un hospital. **(trabajar)**

05 Mi marido y yo _____ en Madrid. **(vivir)**

06 Mis perros _____ toda la noche. **(ladrar)**

07 ¿Por qué siempre _____ cuando escucho esta canción? **(llorar)**

08 Juan _____ el piano. **(tocar)**

09 Mis padres _____ comida. **(comprar)**

10 ¿_____ por el parque todas las mañanas? **(vosotros, pasear)**

Presente de indicativo: verbos irregulares

Fecha: _____ Aciertos: _____ / 10

Completa con los verbos entre paréntesis.

01 Yo _____ cantante. **(ser)**

02 Nosotros no _____ ir al cine. **(poder)**

03 ¿Por qué no me _____ la verdad? **(tú, decir)**

04 Pedro no _____ en el futuro. **(pensar)**

05 ¿Tú no _____ clase hoy? **(tener)**

06 Marta siempre _____ lo mismo. **(repetir)**

07 ¡Ya _____ la película! **(empezar)**

08 ¿Adónde _____? **(tú, ir)**

09 Hoy _____ mucho. **(nevar)**

10 Los osos _____ mucho en invierno y no salen de su cueva. **(dormir)**

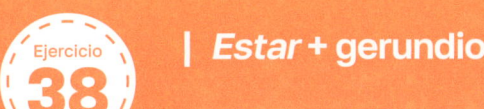

| *Estar* + gerundio

Fecha: _____   Aciertos: _____ / 10

Completa las frases con *estar* + gerundio.

01 Nosotros _____ _____. **(jugar)**

02 ¿A quién _____ _____? **(usted, llamar)**

03 Mis padres _____ _____. **(hablar)**

04 ¿Qué _____ _____? **(vosotros, hacer)**

05 La chica _____ _____ agua. **(beber)**

06 Ellos _____ _____ muy bien. **(bailar)**

07 Nosotros _____ _____ los bombones. **(comer)**

08 Mi amigo _____ _____ un cuadro. **(pintar)**

09 ¿Qué _____ _____? **(tú, ver)**

10 El señor _____ _____ revistas. **(vender)**

53

El clima

Fecha: _____ Aciertos: _____ / 10

Une cada imagen con la frase correspondiente.

01  ⓐ Hace calor.

02  ⓑ Hace frío.

03  ⓒ Hace sol.

04  ⓓ Hace viento.

05  ⓔ Hace buen tiempo.

06  ⓕ Hace mal tiempo.

07  ⓖ Está nublado.

08  ⓗ Está despejado.

09  ⓘ Llueve.

10  ⓙ Nieva.

| La hora en español

Fecha: _____   Aciertos: _____ / 10

¿Qué hora es?

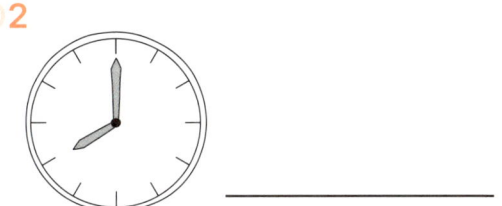

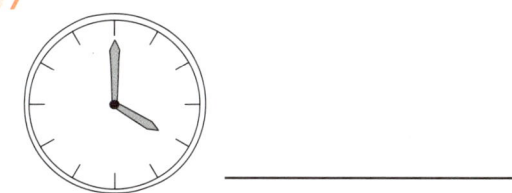

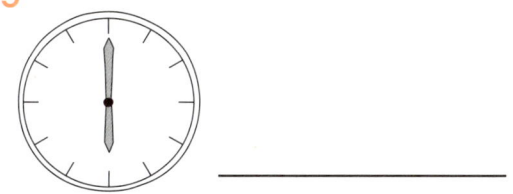

| Verbo con objeto indirecto: *gustar*

Fecha: _____   Aciertos: _____ / 10

Completa con el verbo *gustar*.

01   Me _____ el libro de francés.

02   Me _____ el té verde.

03   A los niños no les _____ los pasteles.

04   Me _____ las películas de aventura.

05   A nosotros nos _____ los viajes largos.

06   ¿Te _____ escuchar música?

07   A Juan le _____ las uvas.

08   ¿A vosotros os _____ los deportes?

09   Me _____ las patatas fritas.

10   A nosotros nos _____ la navidad.

Comparativos

Fecha: _____ Aciertos: _____ / 10

Completa con *más ... que, menos ... que, tan...como.*

01 Ricardo es ⊕ _____ inteligente _____ Luisa.

02 Eres ⊜ _____ amable conmigo _____ Lucas.

03 La cafetería está ⊕ _____ cerca _____ el hospital.

04 Pablo es ⊖ _____ alegre _____ Pedro.

05 Iván y Juan tienen ⊖ _____ amigos _____ Diego.

06 El edificio es ⊜ _____ alto _____ un árbol.

07 Siempre trabajo ⊕ _____ horas _____ tú.

08 Él tiene ⊕ _____ dinero _____ ella.

09 Esta sopa tiene ⊖ _____ sal _____ la sopa de ayer.

10 El pescado es ⊕ _____ digestivo _____ la carne.

| Superlativos (1)

Fecha: _____ Aciertos: _____ / 10

Completa las frases con un superlativo.

01 ¿Cuál es (ciudad, ⊕ grande) _____ de Argentina?

02 ¿Cuál es (continente, ⊕ pequeño) _____ del planeta?

03 ¿Cuál es (país, ⊕ pequeño) _____ de Europa?

04 ¿Cuál es (región, ⊕ lluvioso) _____ de Asia?

05 ¿Cuál es (ciudad, ⊕ turístico) _____ de España?

06 ¿Cuál es (país, ⊕ frío) _____ del mundo?

07 ¿Cuál es (ciudad, ⊕ soleado) _____ de España?

08 ¿Cuál es (edificio, ⊕ alto) _____ de Nueva York?

09 ¿Cuál es (playa, ⊕ bonito) _____ del Caribe?

10 ¿Cuál es (ciudad, ⊕ antiguo) _____ de Europa?

Superlativos (2)

Fecha: _____ Aciertos: _____ / 10

Completa las frases con los superlativos irregulares: *mayor, menor, mejor, peor.*

01 El lunes es el _____ día de la semana.

02 No me gusta esa serie. Es la _____ que he visto este año.

03 Mi abuela tiene 100 años. Es la _____ de toda la familia.

04 Mis padres siempre dicen que el desayuno es la _____ comida del día.

05 Este coche es el _____ que hemos tenido, nunca se avería.

06 Este es el _____ restaurante de la ciudad, siempre está lleno.

07 Llovió mucho en verano. Fueron las _____ vacaciones de mi vida.

08 Pedro es el hijo _____ de sus padres, solo tiene 3 años.

09 Hoy es el _____ día de este año porque es mi cumpleaños.

10 Estas naranjas son las _____ de España porque están muy ricas.

Ejercicio 45 | Preposiciones (1)

Fecha: _____   Aciertos: _____ / 10

Selecciona la preposición correcta.

01 He visto una película _____ el cine.
   ① por   ② a   ③ en

02 Esta tarde saldré _____ Marta.
   ① de   ② a   ③ con

03 No puedo vivir _____ ti.
   ① sin   ② de   ③ a

04 Traigo unas manzanas _____ comer.
   ① en   ② para   ③ sin

05 Los españoles cenan _____ las nueve de la noche.
   ① en   ② a   ③ de

06 Ayer fuimos _____ la fiesta.
   ① sin   ② en   ③ a

07 Vamos a Busan _____ avión.
   ① sin   ② a   ③ en

08 _____ invierno hace mucho frío.
   ① En   ② A   ③ De

09 Hago ejercicio _____ la mañana.
   ① por   ② a   ③ sin

10 Esta flor es _____ ti.
   ① por   ② para   ③ con

Construcciones reflexivas

Fecha: _____ Aciertos: _____ / 10

Completa las frases con los verbos entre paréntesis.

01 Cada mes mi hijo _____ el pelo. **(cortarse)**

02 _____ las uñas. **(yo, pintarse)**

03 Después de levantarme siempre _____. **(ducharse)**

04 Mis padres _____ a las seis de la mañana. **(levantarse)**

05 Álvaro _____ la cara. **(lavarse)**

06 _____ la bufanda porque hace frío. **(yo, ponerse)**

07 ¿Cómo _____ Ud.? **(llamarse)**

08 _____ todos los días. **(yo, afeitarse)**

09 Mi novia _____ para salir. **(maquillarse)**

10 Cuando llego a casa _____ los zapatos. **(quitarse)**

Presente de *ir a* + infinitivo (1)

Fecha: _____ Aciertos: _____ / 10

Completa las frases con *ir a* + infinitivo.

01 Mi tía _____ ____ _____ un libro a mi primo. **(leer)**

02 Nosotros _____ ____ _____ al cine esta noche. **(ir)**

03 ¿Qué _____ ____ _____ hoy? **(tú, hacer)**

04 ¿Quién nos _____ ____ _____ a la estación? **(llevar)**

05 Según el pronóstico del tiempo, _____ ____ _____ mañana. **(nevar)**

06 Julio y su novia _____ ____ _____ en el centro comercial. **(quedar)**

07 Yo _____ ____ _____ a mi abuelo este fin de semana. **(ver)**

08 ¿Usted _____ ____ _____ un café? **(tomar)**

09 Hoy yo _____ ____ _____ para mi familia. **(cocinar)**

10 ¿_____ ____ _____ todo el día? **(vosotros, estudiar)**

Presente de *ir a* + infinitivo (2)

Fecha: _____ Aciertos: _____ / 10

Une las dos columnas.

01 Tengo mucha hambre,

02 Hace mucho frío aquí,

03 Son las once y media de la noche,

04 Estoy agotada,

05 Me duele la cabeza,

06 Tengo sed,

07 No hay fruta,

08 Tengo calor,

09 Me gusta mucho cocinar,

10 Llueve mucho afuera,

ⓐ voy a comprar en el supermercado.

ⓑ voy a beber agua fría de la nevera.

ⓒ voy a quitarme la chaqueta.

ⓓ voy a preparar un bocadillo de jamón y queso.

ⓔ voy a tomar una pastilla.

ⓕ voy a acostarme ya.

ⓖ voy a hacer una cena especial para mis amigos este sábado.

ⓗ voy a cerrar la ventana.

ⓘ voy a quedarme en casa y leer un libro.

ⓙ voy a descansar un rato antes de hacer algo.

Pretérito perfecto de indicativo: verbos regulares

Fecha: _____   Aciertos: _____ / 10

Completa las frases con el pretérito perfecto de los verbos entre paréntesis.

01 Mi hermano _____ _____ una bicicleta nueva. **(comprar)**

02 Tú _____ _____ llegar a tiempo. **(prometer)**

03 Nosotros _____ _____ muchos museos en Europa. **(visitar)**

04 ¿Vosotros _____ _____ a la fiesta de cumpleaños de Leire? **(ir)**

05 Yo _____ _____ de trabajo recientemente. **(cambiar)**

06 Ellos _____ _____ tarde a la reunión. **(llegar)**

07 Mi marido _____ _____ una cena saludable. **(preparar)**

08 Mi jefe _____ _____ de leer el informe esta mañana. **(terminar)**

09 ¿Carlos _____ _____ todo el zumo? **(beber)**

10 El profesor _____ _____ todos los ejercicios. **(corregir)**

Pretérito perfecto de indicativo: verbos irregulares

Fecha: _____   Aciertos: _____ / 10

Completa las frases con el pretérito perfecto de los verbos entre paréntesis.

01 ¿Qué _____ _____ a Laura? **(tú, decir)**

02 Vosotras _____ _____ esa película antes, ¿verdad? **(ver)**

03 Yo _____ _____ todo lo posible para ayudar. **(hacer)**

04 El ayuntamiento _____ _____ un polideportivo nuevo para los ciudadanos. **(abrir)**

05 ¿Quién _____ _____ este vaso? **(romper)**

06 ¡Qué triste! _____ _____ el perro de Lucas. **(morir)**

07 Nosotros _____ _____ de vacaciones hace tres horas. **(volver)**

08 Hijo, ¿_____ _____ las sillas en su sitio? **(poner)**

09 Mi profesor me _____ _____ una carta de recomendación. **(escribir)**

10 Ellas _____ _____ a la oficina después del almuerzo. **(volver)**

Pretérito perfecto de indicativo: verbos reflexivos

Fecha: _____ Aciertos: ____ / 10

Completa las frases con el pretérito perfecto de los verbos entre paréntesis.

01 Claudia _____ _____ _____ temprano esta mañana. **(levantarse)**

02 Chicos, ¿_____ _____ _____ las manos antes de comer? **(lavarse)**

03 Esta semana _____ _____ _____ a las diez y media de la noche. **(acostarse)**

04 Nosotros _____ _____ _____ mucho en la fiesta. **(divertirse)**

05 Yo _____ _____ _____ después de hacer ejercicio. **(ducharse)**

06 Ellos _____ _____ _____ en una iglesia bonita. **(casarse)**

07 ¿Tú _____ _____ _____ mejor después de descansar? **(sentirse)**

08 ¿Vosotros _____ _____ _____ ya de la fiesta? **(irse)**

09 Ellos _____ _____ _____ de hacer la tarea. **(olvidarse)**

10 Mi padre _____ _____ _____ esta mañana. **(afeitarse)**

Pretérito indefinido: verbos regulares

Fecha: _____ Aciertos: _____ / 10

Rodea la forma correcta en cada caso.

01 Él **(limpió / limpiaron)** su habitación antes de salir.

02 Nosotros **(jugamos / jugó)** al fútbol en el parque.

03 Ella **(compró / compramos)** un regalo para su madre.

04 Ellos **(comieron / comí)** pizza en el nuevo restaurante.

05 Tú **(trabajaste / trabajaron)** mucho en ese proyecto.

06 Yo **(preparé / preparó)** la cena para toda la familia.

07 Vosotros **(hablasteis / habló)** con el profesor después de la clase.

08 Tú **(corriste / corrí)** una maratón el año pasado.

09 ¿Qué **(paso / pasó)** anoche?

10 Vosotros **(viajasteis / viajamos)** por España y Portugal el verano pasado.

Pretérito indefinido: verbos irregulares

Fecha: _____   Aciertos: _____ / 10

Rodea la forma correcta en cada caso.

01 Adriana **(vine / vino)** a Colombia en 2012.

02 Ella **(pidió / pedí)** permiso para salir temprano.

03 Vosotros **(pudisteis / pudieron)** terminar el proyecto a tiempo.

04 ¿**(Fueron / Fuimos)** todos tus amigos?

05 Tú **(dijiste / dije)** la verdad en todo momento.

06 Ustedes **(estuvieron / estuvo)** en París el año pasado.

07 Nosotros **(quisimos / quiso)** visitar a nuestros amigos, pero no pudimos.

08 Tú **(hiciste / hizo)** un pastel delicioso.

09 Yo **(llegué / llegó)** tarde a la clase.

10 Ella **(leyó / leí)** todas las revistas que había en la sala de espera.

Pretérito indefinido: verbos regulares e irregulares

Ejercicio 54

Fecha: _____ Aciertos: _____ / 10

Completa las frases con el pretérito indefinido de los verbos del recuadro.

| invitar | estar | dormir | salir | oír |
| ver | ir | pedir | ganar | vivir |

01 Ayer, Juan _____ una película interesante en el cine.

02 El año pasado, Carlos _____ el primer premio en el concurso.

03 Nosotros _____ a todos nuestros amigos a la fiesta.

04 ¿Tú _____ a la playa el fin de semana pasado?

05 Anoche, yo _____ muy bien en la nueva cama.

06 ¿Tú _____ algún ruido extraño anoche?

07 Él _____ una pizza para cenar.

08 Ellos _____ en esa casa durante diez años.

09 La semana pasada, Marta _____ con sus amigos.

10 ¿Vosotros _____ en la reunión ayer?

Pretérito imperfecto

Fecha: _____   Aciertos: ____ / 10

Completa las frases con el pretérito imperfecto de los verbos entre paréntesis.

01 Cuando yo _____ (ser) niño, me _____ (gustar) jugar al tenis con mi abuelo.

02 Nosotros _____ (comer) juntos todos los domingos.

03 Vosotros siempre _____ (ver) la televisión por la noche.

04 Mis amigos y yo _____ (ir) al cine todos los fines de semana para ver nuevas películas.

05 Él _____ (ser) muy amable con todos.

06 Cada Navidad, nosotros _____ (decorar) la casa juntos.

07 Mi abuela _____ (contar) historias interesantes antes de dormir.

08 Cada mañana, ella _____ (tomar) un café antes de salir de casa para ir al trabajo.

09 Yo _____ (correr) todos los días por el parque para mantenerme en forma.

10 Mi primo y yo _____ (construir) castillos de arena en la playa cada verano.

Contraste entre pretérito indefinido y pretérito imperfecto

Fecha: _____ Aciertos: _____ / 10

Rodea la forma correcta en cada caso.

01 Mientras ellos **(estudiaban / estudiaron)** para el examen, **(sucedió / sucedía)** un accidente en la calle.

02 Cuando yo **(era / fui)** joven, **(vivía / viví)** en una casa grande cerca de la playa.

03 Mientras **(leía / leí)** un libro, de repente **(sonó / suena)** el teléfono.

04 Nosotros **(llegamos / llegábamos)** tarde porque **(había / hubo)** mucho tráfico.

05 Los sábados, **(salía / salí)** con mis amigos a jugar al fútbol en el parque.

06 Cuando nos casamos, **(hacíamos / hicimos)** un viaje por Asia.

07 Mientras **(cocinaba / cociné)**, se fue la luz y no **(podía / pude)** terminar de preparar la cena.

08 Ayer, **(me encontré / me encontraba)** con mi amigo en el supermercado y **(charlamos / charlábamos)** un rato.

09 Cada verano, **(pasaba / pasé)** las vacaciones en la casa de mis abuelos en la montaña.

10 Ayer **(me levanté / me levantaba)** temprano y **(desayuné / desayunaba)** con mi familia antes de ir al trabajo.

Pronombres personales de complemento directo (1)

Fecha: _____   Aciertos: _____ / 10

Sustituye la parte subrayada por un pronombre de complemento directo: *lo, la, los, las*.

01 ¿Leíste el <u>libro nuevo</u>?
    Sí, _____ leí ayer.

02 ¿Compraste <u>las entradas</u> para el concierto?
    Sí, _____ compré en línea.

03 ¿Viste a <u>tus amigos</u> en la fiesta?
    Sí, _____ vi allí.

04 ¿Terminaste <u>el informe</u>?
    Sí, _____ terminé esta mañana.

05 ¿Conoces a <u>esos chicos</u>?
    Sí, _____ conozco.

06 ¿Escuchaste <u>las noticias</u> de hoy?
    Sí, _____ escuché por la radio.

07 ¿Devolviste <u>los libros</u> a la biblioteca?
    Sí, _____ devolví ayer.

08 ¿Ayudaste a <u>tus padres</u> con la mudanza?
    Sí, _____ ayudé todo el día.

09 ¿Vendiste <u>tu coche viejo</u>?
    Sí, _____ vendí la semana pasada.

10 ¿Organizaste <u>la fiesta de cumpleaños</u>?
    Sí, _____ organicé con mucho cariño.

Pronombres personales de complemento directo (2)

Fecha: _____   Aciertos: _____ / 10

Completa con un pronombre de complemento directo: *me, te, lo, la, nos, os, los, las*.

01 ○ ¿Leíste los artículos que recomendó tu profesor?
     ● Sí, _____ leí y me parecieron interesantes.

02 ○ Marta y Pedro siempre _____ invitan a sus fiestas. (a nosotros)
     ● Sí, es verdad. _____ tratan muy bien.

03 ○ ¿Vas a llevarme al aeropuerto mañana?
     ● Sí, claro. Paso a buscar _____ a las 8 de la mañana.

04 ○ Nos dieron un descuento en el restaurante.
     ● ¡Qué bien! ¿Cómo _____ conseguisteis?

05 ○ ¿Lavaste los platos que usamos para la cena?
     ● Sí, _____ lavé antes de acostarme.

06 ○ ¿Has probado la sopa que hizo mi abuela?
     ● Sí, _____ probé y estaba deliciosa.

07 ○ ¿Carlos conoce a los músicos que tocan en la banda?
     ● Sí, Carlos _____ conoce bien.

08 ○ ¿Sabes dónde están mis zapatos?
     ● Creo que _____ dejaste en la entrada.

09 ○ ¿_____ puedes ayudar a mover los muebles?
     ● Claro, ahora mismo te ayudo.

10 ○ ¿Te acuerdas de que tenías que haberme enviado el correo electrónico?
     ● Lo siento, se me olvidó. Ahora mismo te _____ envío.

Pronombres personales de complemento indirecto

Fecha: _____ Aciertos: _____ / 10

Completa con un pronombre de complemento indirecto: *me, te, le, nos, os, les.*

01 ¿Te ha dado Ana su número de teléfono?
    Sí, _____ ha dado su número.

02 ¿Nos enviaron los documentos?
    No, no _____ los enviaron todavía.

03 ¿Os han contado la historia?
    Sí, _____ han contado la historia.

04 ¿Regalaste algo a tus padres?
    Sí, _____ regalé una cámara.

05 ¿Me puedes dejar tu libro?
    Sí, _____ puedo dejar mi libro.

06 ¿Te trajeron los resultados del examen?
    No, no _____ trajeron los resultados.

07 ¿Nos llamaste anoche?
    No, no _____ llamé anoche.

08 ¿Dijiste la verdad a tu madre?
    No, no _____ dije la verdad.

09 ¿Prestaste dinero a tu primo?
    No, no _____ presté dinero.

10 ¿Contaste el secreto a tus amigos?
    No, no _____ conté el secreto.

Pronombres de complemento indirecto y directo (1)

Fecha: _____ Aciertos: _____ / 10

Completa con *me, te, se...* y *lo, la, los, las.*

01 Llegó el paquete a la oficina y el secretario _____ _____ entregó al jefe.

02 Compré un regalo para ti y ahora _____ _____ voy a dar.

03 El técnico arregló el ordenador y _____ _____ devolvió a la empleada.

04 Hicimos los pasteles y _____ _____ regalamos a los vecinos.

05 Vi una película genial y _____ _____ recomendé a mis amigos.

06 ○ ¿Les damos la información?
 ● Sí, vamos a _____.

07 ○ ¿Me traes la comida?
 ● Sí, voy a _____.

08 ○ ¿Me cuentas un chiste?
 ● Sí, voy a _____, es muy divertido.

09 ○ ¿Les damos una sorpresa?
 ● Sí, vamos a _____.

10 ○ ¿Me pasas la sal?
 ● Sí, voy a _____.

| Preposiciones (2)

Fecha: _____ Aciertos: ____ / 10

Completa las frases con las preposiciones del recuadro.

> a   con   de   en   para   por   sin

01 Vamos _____ la playa este fin de semana.

02 Estoy buscando un regalo _____ mi hermana.

03 Voy a estudiar _____ la biblioteca esta tarde.

04 Ella vino _____ su amigo a la fiesta.

05 No puedo vivir _____ música.

06 Me levanté temprano _____ ir al gimnasio.

07 Tomo café _____ azúcar porque tiene menos calorías.

08 La capital _____ España es Madrid.

09 La clase empieza _____ las ocho de la mañana.

10 Ellos se fueron _____ la tarde.

| Preposiciones (3)

Fecha: _____ Aciertos: ____ / 10

Completa con *por* o *para*.

01 ¿Damos una vuelta _____ la playa?

02 Solo trabajo _____ las mañanas.

03 No es una película _____ niños.

04 Las deportistas salen a correr _____ el parque.

05 Hemos quedado esta tarde _____ ir al cine.

06 ¿Hay una farmacia _____ aquí?

07 Mi marido y yo vivimos en el extranjero _____ motivos laborales.

08 Nos tenemos que dar prisa _____ llegar a tiempo.

09 _____ mí, esto es un poquito difícil.

10 A mí no me gusta hablar _____ teléfono.

Imperativo afirmativo (1)

Fecha: _____   Aciertos: _____ / 10

Completa con los verbos entre paréntesis en la forma *tú* del imperativo afirmativo.

01 _____ agua. **(beber)**

02 _____ la ventana. **(abrir)**

03 _____ por aquí. **(entrar)**

04 _____ mucho. **(estudiar)**

05 _____ más. **(trabajar)**

06 _____ el coche. **(lavar)**

07 _____ a Iñigo. **(llamar)**

08 _____ más bajo. **(hablar)**

09 _____ toda la noche. **(bailar)**

10 _____ el pan. **(cortar)**

Imperativo afirmativo (2)

Fecha: _____   Aciertos: _____ / 10

Completa con los verbos entre paréntesis en la forma *usted* del imperativo afirmativo.

01 _____ temprano mañana. **(venir)**

02 _____ el café para los invitados. **(preparar)**

03 _____ a su jefe por teléfono. **(llamar)**

04 _____ una mesa para dos en un restaurante. **(reservar)**

05 _____ al mercado a comprar fruta. **(ir)**

06 _____ la mesa para la cena. **(poner)**

07 _____ responsable en su trabajo. **(ser)**

08 _____ un poco después del almuerzo. **(descansar)**

09 _____ la verdad en todo momento. **(decir)**

10 _____ paciencia con el proceso. **(tener)**

Ejercicio 65 | Imperativo negativo

Fecha: _____   Aciertos: _____ / 10

Completa con los verbos del recuadro en la forma *usted* del imperativo negativo.

01 No _____ a la izquierda.

05 No _____ el césped.

07 No _____ aquí.

02 No _____ a la derecha.

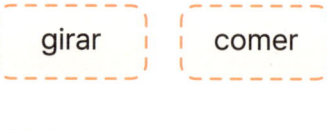

girar	comer
pasar	hacer
pisar	usar
superar	entrar
fumar	girar

08 No _____ en clase.

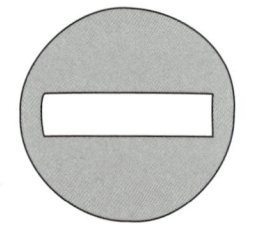

03 No _____ por aquí.

09 No _____ el móvil mientras conduce.

04 No _____ fotos en este museo.

06 No _____ los límites de velocidad.

10 No _____ con su mascota.

Imperativo: verbos reflexivos

Fecha: _____ Aciertos: _____ / 10

Completa con los verbos entre paréntesis en la forma correcta del imperativo.

01 _____ temprano para aprovechar el día. **(tú, levantarse)**

02 _____ aquí mientras hablo con el gerente. **(tú, quedarse)**

03 _____ el bigote antes de ir a la entrevista. **(tú, afeitarse)**

04 _____ un poco. **(tú, relajarse)**

05 _____ en la fiesta. **(tú, divertirse)**

06 _____ el pelo, que ya lo tiene muy largo. **(usted, cortarse)**

07 _____ las manos antes de comer. **(usted, lavarse)**

08 _____ en esta silla, por favor. **(usted, sentarse)**

09 _____ de sus amigos, antes de irse. **(usted, despedirse)**

10 _____ y respire profundamente en momentos de estrés. **(usted, calmarse)**

81

Imperativo afirmativo y negativo

Fecha: _____   Aciertos: _____ / 10

Completa con los verbos entre paréntesis en la forma correcta del imperativo.

01 Hijos, _____ **(cerrar)** las ventanas antes de salir de casa.

02 Luis, por favor, no _____ **(fumar)** aquí. Está prohibido.

03 Señores, _____ **(disfrutar)** del viaje.

04 Hijas, ya vienen los abuelos, _____ **(ir)** a la frutería y _____ **(comprar)** algo de fruta.

05 Tú _____ **(agitar)** este medicamento antes de usarlo.

06 Chavales, no _____ **(hablar)** tan alto en clase.

07 Niños, _____ **(sacar)** el perro a pasear.

08 Chicos, no _____ **(molestar)** a la profesora durante la clase.

09 María, por favor, _____ **(limpiar)** el baño y después _____ **(pasar)** la aspiradora.

10 Tú _____ **(recoger)** las cosas que están en la mesa.

Futuro simple: verbos regulares

Fecha: _____   Aciertos: _____ / 10

Completa las frases con el futuro simple de los verbos entre paréntesis.

01 Mañana _____ a nuestros abuelos. **(nosotros, visitar)**

02 Ellos nunca _____ lo que pasó. **(olvidar)**

03 El mes que viene _____ a otra ciudad. **(ella, mudarse)**

04 Diana no se habla con nadie en la oficina. Al final _____ el trabajo. **(dejar)**

05 En diez minutos _____ la película. **(comenzar)**

06 Después de terminar el proyecto, _____ un poco. **(yo, descansar)**

07 Dentro de poco _____ a la mujer de tu vida. **(tú, encontrar)**

08 Mis compañeros de clase _____ de viaje la semana que viene. **(volver)**

09 ¿Cuántos años _____ el tío Ángel el mes que viene? **(cumplir)**

10 El año que viene _____ a Japón, ¿verdad? **(vosotros, viajar)**

83

Futuro simple: verbos irregulares

Fecha: _____   Aciertos: _____ / 10

Completa las frases con el futuro simple de los verbos entre paréntesis.

01 Mañana _____ una reunión con todos los empleados. **(haber)**

02 Dentro de poco _____ hablar español con fluidez. **(tú, poder)**

03 El próximo lunes _____ los resultados. **(tú, saber)**

04 Mi marido _____ el lavavajillas esta noche después de cenar. **(poner)**

05 La próxima semana _____ lo que pasó en la fiesta de ayer. **(ellos, saber)**

06 Mañana _____ ayudarte con tu tarea. **(yo, poder)**

07 La próxima semana le _____ a Lucía lo que pasó en la fiesta. **(yo, decir)**

08 Dentro de un mes _____ a visitarte. **(nosotros, venir)**

09 Esta noche _____ a cenar. **(ellos, salir)**

10 Dentro de un rato _____ que irse. **(ellos, tener)**

Futuro simple: verbos regulares e irregulares

Fecha: _____   Aciertos: _____ / 10

Completa las frases con el futuro simple de los verbos del recuadro.

| hacer | poder | participar | tener | prestar |
| salir | haber | llevar | llegar | haber |

01 En el futuro, nosotros _____ un coche eléctrico.

02 El año que viene Carlos _____ en una maratón.

03 Pasado mañana por la tarde yo _____ con mi primo para ver una obra de teatro.

04 La próxima vez yo _____ más atención a las instrucciones.

05 En el futuro _____ tecnología más avanzada.

06 El próximo verano yo _____ a mi familia a un lugar exótico.

07 El próximo año _____ nuevas oportunidades para aprender.

08 ¿La gente _____ ir de vacaciones a la Luna o a Marte por poco dinero en el siglo XXII?

09 ○ ¿A qué hora llegarás a casa hoy?
    ● Yo _____ a las siete y media de la noche.

10 ○ ¿Qué haréis tú y tus amigos el domingo?
    ● _____ los deberes

| Condicionales

Fecha: _____   Aciertos: _____ / 10

Completa las frases con las formas correctas de los verbos entre paréntesis.

01 Si quieres, te _____ al dentista. **(yo, acompañar)**

02 Si trabajas duro, _____ éxito en tu carrera. **(tener)**

03 Si estás cansado, _____ un poco. **(descansar)**

04 Si lees un libro, _____ algo nuevo. **(aprender)**

05 Si estudias todos los días, _____ buenas notas. **(sacar)**

06 Si tienes hambre, _____ algo antes de salir. **(comer)**

07 Si llueve, no _____ ir al parque. **(nosotros, poder)**

08 Si sigues su consejo, _____ mejor. **(sentirse)**

09 Si te gusta mucho esa camiseta, te la _____ ahora mismo. **(comprar)**

10 Si tienes frío, _____ una bufanda. **(ponerse)**

Oraciones de relativo (1)

Fecha: _____   Aciertos: _____ / 10

Une las siguientes frases con el pronombre relativo *que*.

01 Tengo un perro. Corre muy rápido.
_____.

02 Sara tiene una hermana. Vive en Madrid.
_____.

03 Estoy leyendo un libro. Es muy interesante.
_____.

04 Este es el coche. Compré el año pasado.
_____.

05 Mi hermano tiene una bicicleta. Es roja.
_____.

06 Ellos tienen una casa. Está en la playa.
_____.

07 Tengo un vecino. Siempre me ayuda.
_____.

08 Mario y Julia tienen un hijo. Juega al fútbol.
_____.

09 Vi una película. Me hizo llorar mucho.
_____.

10 Esta es la camisa. Me regaló mi madre.
_____.

Oraciones de relativo (2)

Fecha: _____   Aciertos: _____ / 10

Ordena las frases.

01 estaba · café · que · el · probé · ayer · muy · bueno
_____.

02 libro · me · el · que · recomendaste · mucho · gusta · me
_____.

03 es · muy · la · casa · que · grande · compraron
_____.

04 la · que · la · es · visitamos · ciudad · moderna · más
_____.

05 es · que · perro · lindo · el · adoptamos · muy
_____.

06 recomendaste · cafetería · que · nos · es · la · acogedora
_____.

07 fue · el · del · que · el · mejor · año · el · viaje · verano · hicimos · pasado
_____.

08 compramos · el · coche · es · que · muy · rápido
_____.

09 la · el · comida · en · que · deliciosa · estaba · comimos · restaurante
_____.

10 subimos · la · que · montaña · que · hemos · más · la · alta · fue · subido
_____.

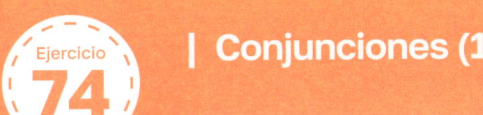

| Conjunciones (1)

Fecha: _____ Aciertos: _____ / 10

Completa las frases con *y/e* o *o/u*.

01 ¿Prefieres té _____ café?

02 No sé si ir al cine _____ quedarme en casa.

03 No sé si hacerlo yo mismo _____ contratar a alguien.

04 José _____ Ignacio son buenos amigos.

05 ¿Quieres helado _____ pastel?

06 No sé si comprar una camisa _____ un pantalón.

07 Estudia _____ trabaja al mismo tiempo.

08 Conocemos solo tres países, Portugal, España _____ Francia.

09 Tengo que ir a la frutería _____ a la panadería.

10 Había siete _____ ocho personas en la plaza.

Ejercicio 75 | Conjunciones (2)

Fecha: _____ Aciertos: _____ / 10

Completa las frases con *y/ni*.

01 No te creo a ti _____ a él.

02 No tengo dinero _____ tiempo para viajar.

03 Come fruta _____ verdura todos los días.

04 No compré pan _____ leche.

05 No me gustan las películas de terror _____ las de acción.

06 Viajaré a París _____ a Londres el próximo año.

07 No fui al gimnasio _____ hice ejercicio en casa.

08 A Pedro no le gusta el café _____ el té.

09 Mi hermana _____ mi primo vendrán a la fiesta.

10 No quiero ir al cine _____ al teatro.

Conjunciones (3)

Fecha: _____ Aciertos: _____ / 10

Completa las frases con *pero, porque, por eso, aunque*.

01 Quería ir al cine, _____ no tenía tiempo.

02 No pude asistir a la reunión _____ tenía otro compromiso.

03 Ella estudia mucho, _____ siempre saca buenas notas.

04 No te preocupes _____ no es peligroso.

05 _____ estaba cansado, fui al gimnasio.

06 La casa es grande _____ no tiene jardín.

07 Me invitaron a la boda, _____ no podía asistir por motivos personales.

08 _____ no tenía mucha experiencia, logró conseguir el trabajo.

09 Me mudé a una nueva cuidad, _____ no conozco a mucha gente.

10 Nos quedamos en casa _____ estábamos agotados.

Posesivos (2)

Fecha: _____   Aciertos: _____ / 10

Completa con los posesivos tónicos adecuados.

Alejandro, Marta y Leire son compañeros de piso y acaban de recibir algunos objetos nuevos para su casa. Observa la imagen y completa el diálogo con los posesivos tónicos adecuados.

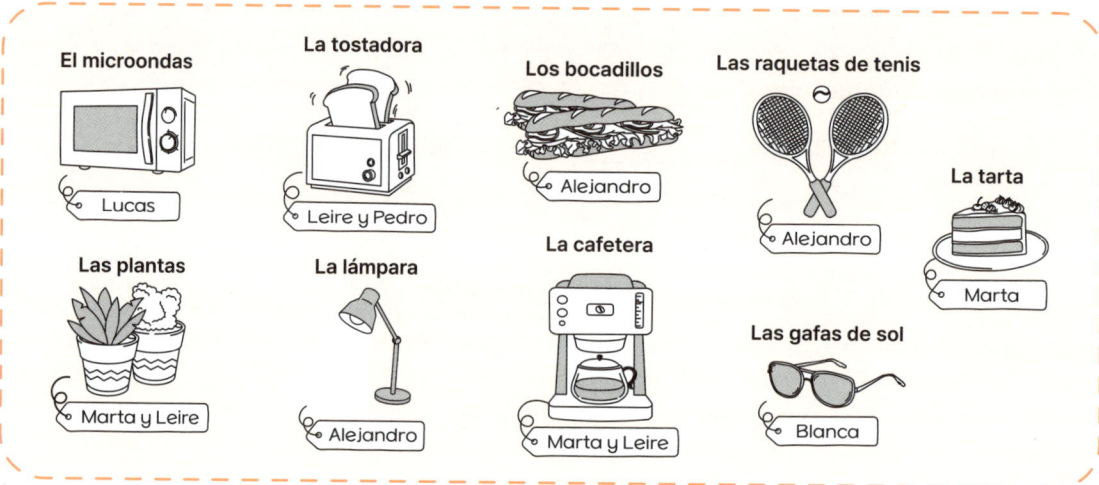

Marta: ¿De quién es esta lámpara?

Alejandro: Es mía.

Leire: ¡Mira! Aquí hay una caja grande con un microondas. ¿De quién es?

Marta: No es ① _____ , es de Lucas.

Alejandro: ¿Y estas plantas? ¿Son tuyas, Marta?

Marta: Sí, pero también son de Leire.

Alejandro: O sea que son ② _____ . Entonces van para vuestra habitación.

Marta: ¡Gracias! ¿Y esas raquetas de tenis son ③ _____ ?

Alejandro: Sí, las dos son ④ _____ . Son nuevas.

Leire: ¡Genial! Podemos jugar juntos algún día.

Alejandro: Claro.

| Posesivos (2)

Fecha: _____   Aciertos: _____ / 10

Marta: ¿Sabéis? Leire y yo tenemos una cafetera nueva.

Alejandro: ¿En serio? ¿La cafetera es ⑤ _____? ¿Y la tostadora que está en la cocina? ¿No es tuya?

Marta: No, no es ⑥ _____. Es de Leire y de Pedro.

Leire: Así es, pero podéis usarla también vosotros.

Alejandro: ¿Y estas gafas de sol?

Leire: Son de Blanca. Son ⑦ _____.

Marta: Tengo hambre. ¿Estos bocadillos son ⑧ _____?

Alejandro: Sí, son ⑨ _____. ¿Esa tarta en la mesa no es tuya?

Marta: ¡Ay, sí! Es ⑩ _____. ¡Vamos a comer todo!

Pronombres de complemento indirecto y directo (2)

Fecha: _____ Aciertos: _____ / 10

Completa las respuestas con *me, te, se...* y *lo, la, los, las*.

01 ○ ¿Quién os explicó el ejercicio?
    ● El profesor _____ _____ explicó ayer.

02 ○ ¿Compraste las entradas para nosotros?
    ● Sí, ya _____ _____ compré.

03 ○ ¿Quién te dejó los apuntes?
    ● Mi amiga _____ _____ dejó.

04 ○ ¿Vas a darme la respuesta?
    ● Ahora mismo _____ _____ doy.

05 ○ ¿Le llevas los documentos a la profesora?
    ● Sí, _____ _____ llevo esta tarde.

06 ○ ¿Me das el bolígrafo?
    ● Claro, _____ _____ doy.

07 ○ ¿Le pediste la cuenta al camarero?
    ● Sí, ya _____ _____ pedí.

08 ○ ¿Te compraron el libro?
    ● Sí, _____ _____ compraron ayer.

09 ○ ¿Os contaron el secreto?
    ● No, no _____ _____ contaron.

10 ○ ¿Les mandaste el informe a tus compañeros?
    ● Sí, _____ _____ mandé por correo electrónico.

Verbos con objeto indirecto: *gustar, encantar, interesar, dar, molestar, quedar, caer*

Fecha: _____   Aciertos: _____ / 10

Completa las frases con los siguientes verbos.

| dar | caer | quedar | dar | quedar |
| gustar | encantar | interesar | molestar | caer |

01 A mí _____ _____ mucho las películas de acción.

02 ¿A ti _____ _____ bien tus nuevos compañeros de clase?

03 A mi hermana _____ _____ mal la camisa que se compró.

04 ¿A ti _____ _____ la historia de la Antigua Roma?

05 A Ella _____ _____ viajar a nuevos lugares.

06 ¿A ti _____ _____ nervios hablar en público?

07 A mí _____ _____ estrecha esta camisa.

08 A mí _____ _____ mucho el ruido cuando intento estudiar.

09 A mí _____ _____ bien Diego.

10 A nosotros _____ _____ igual lo que piensen los demás.

| Números cardinales

Fecha: _____ Aciertos: _____ / 10

Escribe las siguientes fechas en palabras.

01 12 / 10 / 1492
_____.

02 14 / 07 / 1789
_____.

03 06 / 06 / 1808
_____.

04 30 / 01 / 1966
_____.

05 10 / 11 / 1975
_____.

06 11 / 09 / 2001
_____.

07 17 / 02 / 1603
_____.

08 09 / 11 / 1989
_____.

09 22 / 12 / 1995
_____.

10 04 / 01 / 1577
_____.

| Números ordinales

Fecha: _____ Aciertos: _____ / 10

Completa las frases con el número ordinal adecuado.

01 Hoy es el _____ día del mes de enero. **(1.º)**

02 El _____ niño de la fila es el más alto. **(8.º)**

03 La _____ semana de vacaciones la pasamos en la playa. **(1.ª)**

04 El _____ capítulo del libro es muy emocionante. **(2.º)**

05 La _____ casa de la calle es la más antigua. **(5.ª)**

06 El _____ problema es el más complicado. **(10.º)**

07 Ella es la _____ en la lista de espera para el restaurante. **(3.ª)**

08 La _____ puerta a la derecha es la entrada principal. **(2.ª)**

09 Vamos a celebrar el _____ aniversario de nuestra empresa esta noche. **(3.º)**

10 La _____ clase del día es la más difícil. **(6.ª)**

Ejercicio 82

[lo + que...]

Fecha: _____   Aciertos: _____ / 10

Une ambas partes de las frases.

01 Lo que hicimos
02 Lo que necesito
03 Lo bueno de la ciudad
04 Lo que me preocupa
05 Lo que aprendí durante el proyecto
06 Lo que no me gusta
07 Lo que más me molesta
08 Lo mejor de la película
09 Lo que no entiendo
10 No dejes para mañana

a es el estado del coche antes del viaje.
b fue la actuación de los actores principales.
c es la importancia de la paciencia.
d fue preparar la presentación juntos.
e es ver películas de terror.
f es su vida nocturna.
g es cómo funciona este dispositivo.
h lo que puedes hacer hoy.
i es el ruido constante en la calle.
j es un poco de tiempo para descansar.

Ejercicio 83 | Perífrasis verbales

Fecha: _____   Aciertos: _____ / 10

¿Infinitivo o gerundio? Elige la forma correcta del verbo.

01 ¿Cuánto tiempo llevas **(vivir / viviendo)** en el barrio?

02 ¿Y cómo va todo? ¿Sigues **(trabajar / trabajando)** en la misma empresa?

03 Acabo de **(terminar / terminando)** mi trabajo, ahora puedo descansar.

04 No puedo dejar de **(pensar / pensando)** en lo que sucedió ayer.

05 Empezamos a **(entrenar / entrenando)** muy temprano hoy.

06 Lo volveré a **(intentar / intentando)** mañana.

07 Llevas todo el día **(hablar / hablando)** por teléfono.

08 No puedo dejar de **(reírme / riéndome)** con esta película.

09 Volvieron a **(intentar / intentando)** arreglar el coche.

10 ¿Cuándo vas a empezar a **(leer / leyendo)** el libro?

Los tiempos verbales: pasado, presente y futuro

Fecha: _____ Aciertos: _____ / 10

Completa las frases con la forma correcta de los verbos reflexivos entre paréntesis.

01 ¿A qué hora _____ (tú, irse) del trabajo ayer?

02 Ella _____ (maquillarse) todas las mañanas antes de ir al trabajo.

03 _____ con un baño caliente después de este día tan largo. (yo, relajarse)

04 Yo _____ (levantarse) tarde los domingos.

05 El próximo mes, ellos _____ (casarse) en la playa.

06 Cuando éramos niños, siempre _____ (lavarse) los dientes juntos.

07 ¿_____ (aburrirse) cuando estás solo?

08 Tú _____ (ducharse) dos veces al día.

09 Eva _____ (quejarse) siempre de los profesores.

10 Tú tienes que _____ (acostarse) porque ya es muy tarde.

Usos de *se*

Fecha: _____   Aciertos: _____ / 10

Clasifica las frases en el cuadro.

01   María y Carmen se vieron.

02   ¡Qué bien se vive en este país!

03   Ellos se visten rápidamente para ir al trabajo.

04   Martín se leyó el libro de un tirón.

05   Alejandro se comió toda la pizza.

06   Se venden pisos.

07   Jaime y Julia se pelean.

08   Marta se ha peinado esta mañana.

09   Se dice que va a llover mañana.

10   Se organizan eventos culturales cada mes.

Se pronombre reflexivo	Se recíproco	Se pasivo	Se impersonal	Se dativo ético

Imperativo afirmativo y negativo (1)

Fecha: _____   Aciertos: _____ / 10

Completa las frases con la forma *tú* del imperativo afirmativo y del imperativo negativo.

0 ¿Tomo el autobús?
   Sí, tómalo. / No, no lo tomes.

1 ¿Compro el regalo?
   _____.

2 ¿Canto la canción?
   _____.

3 ¿Enciendo la luz?
   _____.

4 ¿Borro la pizarra?
   _____.

5 ¿Cierro la ventana?
   _____.

6 ¿Busco las llaves?
   _____.

7 ¿Despierto a Javier?
   _____.

8 ¿Apago mi ordenador?
   _____.

9 ¿Lavo el coche?
   _____.

10 ¿Llamo a Martín?
   _____.

Imperativo afirmativo y negativo (2)

Fecha: _____ Aciertos: _____ / 10

Completa las frases con los verbos entre paréntesis y los pronombres adecuados.

0. Si encuentras mis gafas, (no, dar) **no se las des** a María. (dar) **Dámelas** a mí.

1. Si te gusta este libro, (no, dar) _____ a Pedro. (Dar) _____ a mí.

2. Si tienes las llaves, (no, dar) _____ a Juan. (Dar) _____ a mí.

3. Si hay comida extra, (no, dar) _____ a los demás. (Dar) _____ a mí.

4. Si tienes nuevas noticias, (no, contar) _____ a Marta. (Contar) _____ a mí.

5. Si escuchas algo interesante, (no, decir) _____ a nadie. (Decir) _____ a mí.

6. Si recibes una carta, (no, leer) _____ a tu hermano. (Leer) _____ a mí.

7. Si recibes el paquete, (no, enviar) _____ a tu padre. (Enviar) _____ a mí.

8. Si compras los zapatos, (no, regalar) _____ a Laura. (Regalar) _____ a mí.

9. Si te sobran entradas, (no, dar) _____ a Pablo. (Dar) _____ a mí.

10. Si necesitas ayuda, (no, pedir) _____ a ellos. (Pedir) _____ a mí.

Ejercicio 88 | Imperativo afirmativo y negativo (3)

Fecha: _____ Aciertos: ____ / 10

Completa los diálogos.

01 _____ la cama antes de salir.

02 No _____ ruido, el bebé está durmiendo.

03 No _____ tonterías.

04 _____ la mesa para la cena.

decir	hacer
ponerse	ser
tener	venir
salir	hacer
tener	poner

05 _____ amable con los demás.

06 _____ el abrigo, hace frío.

07 No _____ miedo, todo estará bien.

08 _____ a mi despacho, Sr. Lopez, por favor.

09 _____ temprano para evitar el tráfico.

10 _____ cuidado al subir las escaleras.

| Pretérito pluscuamperfecto de indicativo

Fecha: _____ Aciertos: _____ / 10

Forma frases uniendo las acciones o situaciones de la izquierda con sus consecuencias.

0 María no puso la alarma.
1 Su madre se preocupó mucho.
2 Decidieron irse.
3 Andrea no estudió para el examen.
4 Carlos no durmió bien.
5 Perdimos el autobús.
6 Juan se cayó en la calle.
7 Alicia no cargó su ordenador.
8 Pablo dejó la ventana abierta.
9 Llovió durante la mañana.
10 Trabajé mucho durante el día.

ⓐ ya esperaron dos horas.
ⓑ Me dormí en el sofá.
ⓒ No llegó al trabajo a tiempo.
ⓓ No pudimos hacer el picnic.
ⓔ Se sentía cansado todo el día.
ⓕ Sofía no llamó a su madre.
ⓖ No aprobó el examen.
ⓗ La casa se llenó de mosquitos.
ⓘ No pudo trabajar.
ⓙ Se rompió la pierna.
ⓚ Tuvimos que caminar hasta la próxima parada.

0 María no llegó al trabajo a tiempo porque no había puesto la alarma.
1 _____.
2 _____.
3 _____.
4 _____.
5 _____.
6 _____.
7 _____.
8 _____.
9 _____.
10 _____.

Contraste de pasados

Fecha: _____ Aciertos: _____ / 10

Completa el texto con la forma correcta de los verbos entre paréntesis.

Ese día yo ① _____ (llegar) con retraso al aeropuerto Madrid - Barajas. Iba a la boda de mi mejor amiga. ② _____ (viajar) durante muchas horas y me encontraba bastante cansada. Según el pronóstico, el tiempo iba a ser espléndido. Sin embargo, cuando ③ _____ (salir) del aeropuerto, ④ _____ (haber) una tormenta impresionante. De repente, ⑤ _____ (darse) cuenta de que ⑥ _____ (traer) un vestido muy fresco para la boda. Tampoco ⑦ _____ (meter) en la maleta zapatos de invierno. ⑧ _____ (tener) solamente unas sandalias. Al llegar al centro, ⑨ _____ (preguntar) a la gente dónde estaba la zona comercial más cercana. ¡Estaba muy contenta con mis compras, pero me ⑩ _____ (gastar) mucho más de lo que pensaba para ese viaje!

Test de autoevaluación

Fecha: _____ Aciertos: _____ / 40

○ Marca la respuesta correcta.

01 Mi novio se llama Javier y yo _____ Susana.
☐ se llama   ☐ me llamo   ☐ me llama   ☐ me llamas

02 Mi hermano y yo _____ madrileños.
☐ soy   ☐ eres   ☐ sois   ☐ somos

03 Mi madre es _____.
☐ médico   ☐ profesor   ☐ cantante   ☐ camarero

04 _____ muy contento porque he aprobado el examen.
☐ Estoy   ☐ Soy   ☐ Tengo   ☐ Estás

05 Mi mejor amiga _____ tres idiomas.
☐ hablo   ☐ hablan   ☐ habla   ☐ hable

06 Claudia no _____ cerveza.
☐ bebo   ☐ beba   ☐ bebe   ☐ beben

07 La clase de español _____ a las nueve y media, ¿no?
☐ empieza   ☐ empiezo   ☐ empezamos   ☐ empiece

08 _____ mucha gente en la plaza.
☐ Está   ☐ Están   ☐ Hay   ☐ Son

09 Mi hermana _____ 18 años.
☐ es   ☐ está   ☐ tienes   ☐ tiene

10 El vestido y el traje son _____.
☐ negro   ☐ negra   ☐ negros   ☐ negras

Test de autoevaluación

11 ¿Qué sustantivo es femenino?
☐ mapa ☐ piso ☐ color ☐ bicicleta

12 Mis primos estudian _____ una universidad privada.
☐ por ☐ a ☐ de ☐ en

13 ¿A usted _____ las películas policíacas?
☐ le gusta ☐ le gustan ☐ le gusto ☐ se gusta

14 Chicos, ¿estos son _____ libros? No. Esos no son nuestros libros.
☐ tus ☐ sus ☐ vuestros ☐ mis

15 Pedro corre _____ rápido como Juan.
☐ más ☐ menos ☐ tanto ☐ tan

16 Martín es _____ alumno de la clase.
☐ la mayor ☐ la mejor ☐ el mejor ☐ los mejores

17 Nosotros seguimos _____ viviendo en Barcelona.
☐ a ☐ de ☐ por ☐ Ø

18 Se suspendió el evento _____ la lluvia.
☐ a ☐ de ☐ por ☐ para

19 Alejandro _____ siempre muy tarde.
☐ se acuesta ☐ se acueste ☐ se acuesto ☐ le acuesta

20 ¿_____ alguna vez en Francia?
☐ Has estado ☐ Estuviste ☐ Estabas ☐ Estás

21 ¿Qué _____ hoy? He ido al cine con mi novio.
☐ has hacido ☐ ha hacido ☐ has hecho ☐ ha hecho

◆ Test de autoevaluación ◆

22 Anoche _____ con unos amigos.

☐ he cenado ☐ cené ☐ cenaba ☐ ha cenado

23 El martes pasado _____ al centro comercial.

☐ he ido ☐ fui ☐ iba ☐ ha ido

24 Cuando Diana _____ a su oficina, _____ un ramo de flores precioso con una tarjeta.

☐ llegaba / vio ☐ llegó / vio ☐ llego / vio ☐ llegó / veía

25 ¿Por qué no invitas a Pedro? No _____ invito porque estoy enfadada con él.

☐ lo ☐ la ☐ te ☐ se

26 ¿Quién prepara el postre para mañana? _____ preparo yo.

☐ Lo ☐ La ☐ Le ☐ Los

27 ¿Dónde dejo estas sillas? (Dejar, tú) _____ en la cocina.

☐ Déjalo ☐ Déjala ☐ Déjalos ☐ Déjalas

28 Señores pasajeros, _____ los cinturones de seguridad y no _____ aparatos electrónicos.

☐ abróchense / usen ☐ abróchanse / usan
☐ abróchense / usan ☐ abróchanse / usen

29 Estoy muy ocupada. Mañana te _____.

☐ llamó ☐ llamé ☐ llamaré ☐ llamará

30 Mañana _____ sol en todo el país.

☐ hará ☐ hago ☐ hacía ☐ hizo

31 Siempre compro una revista de moda _____ sale todas las semanas.

☐ y ☐ o ☐ que ☐ por

◆ Test de autoevaluación ◆

32 ¿Tienes tres _____ cuatro años?

☐ y ☐ o ☐ u ☐ e

33 No cogimos el metro _____ el autobús, fuimos a pie.

☐ y ☐ o ☐ u ☐ ni

34 Quería dormir _____ el ruido no me dejaba.

☐ por lo tanto ☐ o ☐ por eso ☐ pero

35 A ti te _____ bien tus compañeros de trabajo, ¿verdad?

☐ molestan ☐ dan ☐ quedan ☐ caen

36 1571 páginas

☐ mil quinientas setenta y una ☐ mil quinientos setenta y un
☐ mil quinientos setenta y uno ☐ mil quinientas setenta y un

37 Es la (2.ª) _____ vez que te lo digo.

☐ segundo ☐ segunda ☐ tercero ☐ tercera

38 ¡Qué calor hace! ¿_____ abrir la ventana?

☐ Acabamos de ☐ Hay que ☐ Podemos ☐ Seguimos

39 _____ ver a Sonia en el supermercado y me ha dicho que trabaja allí desde hace tres semanas.

☐ Tengo que ☐ Empiezo a ☐ Sigo ☐ Acabo de

40 Ayer llegué tarde a la cita porque no _____ el despertador.

☐ oí ☐ oía ☐ he oído ☐ había oído

Notas

Notas

Notas

Notas

Spanishmaster

Vocabulario y gramática 1

• Textos •

Presentación personal

Fecha: _____   Relectura: ✓ ○ ○ ○ ○

Marta

Me llamo Marta. Soy de Barcelona, España. Me gusta mucho hacer ejercicio. También me gusta ir en patineta. No me gusta escuchar música. Después de las clases me gusta pasar un rato con los amigos y comer pizza. Los sábados y domingos no me gusta hacer los deberes. Me gusta más descansar con mi familia. ¿Y a usted? ¿Qué le gusta hacer?

Eduardo

Me llamo Eduardo. Tengo dieciséis años y mi cumpleaños es el treinta de septiembre. Soy de Mallorca, una isla al este de España. Vivo en un piso en la costa. Es muy bonito. Tengo un hermano y una hermana. Los dos son mayores que yo, pero nos llevamos todos muy bien. Mi padre es cocinero y mi madre trabaja con él en nuestro restaurante. En verano, toda la familia ayuda en el restaurante. ¡Es guay!

Isabel

¡Hola! Me llamo Isabel. Soy de Suiza y me mudé aquí hace ocho años con mis padres. Vivimos en una ciudad pequeña pero turística, en el sur de España. Me encanta vivir aquí. Hay muchas actividades que hacer para los jóvenes pero a veces me parece que hay demasiados turistas en verano.

Mi rutina diaria

Fecha: _____   Relectura:

Tengo once años. Vivo en Monterrey, una ciudad muy grande e importante de México.

Por la mañana

Me levanto a las seis de la mañana todos los días.

Primero, me ducho y me visto. Antes de ir al colegio limpio mi habitación y preparo el desayuno para mis hermanos. Después, desayunamos juntos a las siete.

A las siete y media, salgo de casa y voy al colegio con una amiga en autobús. El colegio no está muy cerca de mi casa. Llevamos un uniforme rojo y una mochila con los libros.

Las clases en el colegio empiezan a las ocho y diez y terminan a las dos. Es un colegio muy grande y moderno. Mi amiga y yo estamos en la misma clase.

Por la tarde

Antes de comer, hago yoga. Como en casa con mi familia a las dos y media. Después de comer, ayudo a mi madre y leo libros o veo la televisión. A las cinco tengo clase de francés en una academia cerca de mi casa.

Por la noche

Mi familia cena en casa a las ocho. Me lavo los dientes y me cepillo el pelo antes de irme a la cama.

Por último, a las nueve, me acuesto y en seguida me duermo.

Texto 3 | Los fines de semana en España

Fecha: _____   Relectura: ✓ ○ ○ ○ ○

Los habitantes de Madrid, España, hacen actividades muy variadas los fines de semana.
Van a parques, restaurantes, teatros, cines y otros lugares divertidos. También van de compras.

En Madrid hay muchos lugares interesantes para pasar los fines de semana.

La Plaza Mayor

La Plaza Mayor tiene muchas cafeterías, bares y restaurantes. Hay un mercado de sellos los domingos. El Parque del Buen Retiro es un lugar perfecto para descansar y pasear. En este parque hay jardines, cafeterías y un lago donde se pueden alquilar barcas. ¡Hasta hacen conciertos en verano! Otro parque popular es la Casa de Campo. Hay un zoológico, una piscina, un parque de atracciones y un lago con muchas barcas dentro.

Hay muchas tiendas en el centro. Uno de los grandes almacenes más famosos es El Corte Inglés: allí los madrileños pueden comprar ropa, comida y mucho más.

El Parque del Buen Retiro

Texto 4 | El plato saludable

Fecha: _____   Relectura: ✓ ○ ○ ○ ○

Aceite de oliva:  usa aceite de oliva para cocinar y en tus ensaladas. Reduce tu consumo de mantequilla y margarina.

Agua:  bebe dos litros de agua al día. Puedes tomar té y café en cantidades razonables. Evita las bebidas con azúcar.

1 Come verdura de temporada y fresca. Cuanta más y más variada, mejor. ¡Las patatas fritas no cuentan!

2 Come fruta fresca, de temporada y de todos los colores. Recuerda que beber zumo de fruta no equivale a comer fruta.

3 Elige proteína saludable como legumbres, carne magra y pescado. Dentro de lo posible, evita la carne roja y la carne procesada. Si quieres matar el gusanillo, come frutos secos: nueces, almendras, avellanas, etc.

4 Come una gran variedad de granos integrales como pan, arroz, pasta y cereales integrales. Evita los productos que contienen harinas refinadas como el pan blanco y la bollería.

Dejar de fumar: día 5

Fecha: _____   Relectura:

Este es el quinto día después de que decidí dejar de fumar. ¿Lo lograré? ¿No lo lograré?
Solo el tiempo lo podrá decir. Me siento bastante bien, y esta vez no ha sido tan difícil como en otras ocasiones en que intenté dejarlo usando parches. Esta vez, estoy decidido a lograrlo.

Dejar de fumar es como luchar contra uno mismo. Muchas veces fumamos cuando estamos estresados o nerviosos porque pensamos que nos ayuda a sentirnos mejor, aunque solo sea por un momento. La nicotina, que es lo que tiene el cigarrillo, es una sustancia muy adictiva, y cuanto más la ingerimos, más queremos fumar.

Hoy no he estado con personas que fuman, lo que me ha ayudado. Aunque todavía tengo ganas de fumar a veces, especialmente cuando algo me molesta.

Pero, ahora me doy cuenta de que fumar se había convertido en una excusa para escapar de situaciones incómodas.

Texto 6
Usos y costumbres que hay que conocer antes de viajar a España

Fecha: _____   Relectura: ✓ ◯ ◯ ◯ ◯

Antes de viajar a un país, un buen viajero debe buscar información sobre los usos y las costumbres de ese lugar. Es importante aprender qué es considerado un buen o mal comportamiento.

Cuando viajamos a otro país, llevamos con nosotros nuestras costumbres y tradiciones, pero tenemos que intentar abrir nuestra mente y pensar que no siempre esas costumbres son adecuadas en el país al que viajamos. No son siempre malos modales, pueden ser solo pequeñas confusiones a veces divertidas, pero, otras veces, esos errores pueden crear pequeños conflictos.

Está claro que hay buenos y malos modales internacionales, como no emborracharse, no escupir o tirar la basura a la papelera, pero hay otros usos, costumbres y normas que son propios de un país y que, aunque nos choquen, se deben respetar. Por ejemplo, Eunji, una estudiante de intercambio, se sorprendió al saber que en España se dan dos besos al saludarse. Esto fue una confusión que se resolvió con una sonrisa.

Como futuro viajero a España, seguro que estás muy interesado en conocer otros ejemplos de buenos y malos modales, normas que pueden ser diferentes en otros países. Aquí van algunas:

La Plaza de España de Sevilla

Usos y costumbres que hay que conocer antes de viajar a España

Dos besos al saludar

En España, cuando un chico y una chica se conocen, se dan dos besos en la mejilla. Entre chicos, normalmente se dan la mano a no ser que sean familia.

Abrazos solo con amigos cercanos

En España, los abrazos son solo para amigos o personas de confianza.

No señalar con el dedo

No señales con el dedo a la gente, porque puede parecer que hablas mal de ellos.

Caminar sin camiseta

En las ciudades, no está prohibido caminar sin camiseta, pero a la gente no le gusta. En algunos lugares, como en Barcelona, existen leyes al respecto y puedes recibir una multa si lo haces.

¡Recuerda que, al final, el sentido común es siempre la mejor regla!

Notas

Spanishmaster

900+

Vocabulario
y
gramática ①

◆ Vocabulario ◆

Vocabulario

Repasa las palabras.

Abreviaturas 약어

adj.= adjetivo	형용사
adv. = adverbio	부사
loc. prepos. = locución preposicional	전치사구
n.m. = nombre masculino	남성명사
n.f. = nombre femenino	여성명사
n.m/f. = nombre masculino y femenino	양성명사
prep. = preposición	전치사
pron. = pronombre	대명사
v. = verbo	동사

품사	단어	뜻
n.m/f.	abogado/a	변호사
n.m.	abrazo	포옹
v.	abrir	열다
n.m/f.	abuelo/a	할아버지 / 할머니
v.	aburrirse	지루해하다
n.m.	accesorio	액세서리
n.m.	accidente	사고
n.m.	aceite	기름, 식용유
n.m.	aceite de oliva	올리브유
v.	acordarse	기억하다

품사	단어	뜻
v.	acostarse	눕다, 잠자리에 들다
n.m.	actor	배우 (남성)
n.m.	actor principal	주연 배우
n.f.	actriz	배우 (여성)
n.f.	actuación	연기, 공연
v.	actualizar	업데이트하다
adj.	adctivo/a	중독성의
adj.	adecuado/a	적절한
v.	adoptar	입양하다, 받아들이다
n.m.	aeropuerto	공항
v.	afeitarse	면도하다
adv.	afuera	밖에서
n.f.	agenda	일정, 메모장
v.	agitar	흔들다
adj.	agotado/a	지친
n.f.	agua	물
adv.	ahora mismo	지금 바로
n.m.	aire acondicionado	에어컨

품사	단어	뜻
n.m.	ajo	마늘
adv.	al mismo tiempo	동시에
n.f.	alarma	알람
adj.	alegre	즐거운
n.f.	alergia	알레르기
n.f.	alfombra	카펫
pron.	algo	어떤 것, 무엇인가
adv.	alguna vez	언젠가
n.f.	almendra	아몬드
n.f.	almohada	베개
n.m.	almuerzo	점심
v.	alquilar	빌리다
adj.	alto/a	키가 큰
n.m/f.	alumno/a	학생
adj.	amable	친절한
n.m/f.	amigo/a	친구
adj.	amplio/a	넓은
n.m.	andén	승강장, 플랫폼
n.m.	anillo	반지
n.m.	aniversario	기념일
adv.	anoche	어젯밤
adv.	anteayer	그저께

품사	단어	뜻
n.m.	antibiótico	항생제
adj.	antiguo/a	오래된
adj.	antipático/a	불친절한
v.	apagar	끄다
n.m.	aparato electrónico	전자 기기
n.m.	aparcamiento	주차장
n.m.	apellido	성
v.	aprender	배우다
v.	aprobar	합격하다, 승인하다
n.m.	árbol	나무
v.	arreglar	고치다
n.f.	arrocera	밥솥
n.m.	arroz	쌀
n.m.	arte moderno	현대 미술
n.m/f.	artista	예술가
v.	ascender	승진하다
n.m.	asiento	좌석
n.f.	aspiradora	청소기
n.f.	audioguía	오디오 가이드
n.f.	aula	교실
n.m.	autobús	버스
n.f.	autopista	고속도로

품사	단어	뜻	품사	단어	뜻
adj.	avanzado/a	발전된	adv.	bien	잘
n.f.	avellana	헤이즐넛	n.m.	billete	티켓
n.m.	avión	비행기	n.f.	boca	입
adv.	ayer	어제	n.m.	bocadillo	샌드위치
n.f.	ayuda	도움	n.f.	boda	결혼식
v.	ayudar	돕다	n.m.	bolígrafo	볼펜
n.m.	ayuntamiento	시청	n.f.	bollería	빵류
n.m/f.	azafato/a	승무원	n.m/f.	bombero/a	소방관
n.m.	azúcar	설탕	adj.	bonito/a	귀여운, 아름다운
adj.	azul	파란	n.f.	botella	병
n.m.	bachillerato	고등학교	n.m.	brazo	팔
v.	bailar	춤추다	n.f.	bufanda	목도리
adj.	bajo/a	낮은	v.	buscar trabajo	일자리를 찾다
n.f.	banda	밴드	n.m.	cabello	머리카락
n.m.	baño	욕실	n.f.	cabeza	머리
n.m.	barco	배	v.	caer	떨어지다, 어울리다
n.m.	barrio	동네	v.	caerse	넘어지다
adv.	bastante	꽤 많이, 상당히	n.m.	café	커피
n.m.	batido	음료, 셰이크	n.m.	café con leche	라떼
v.	beber	마시다	n.f.	cafetera	커피포트
n.f.	biblioteca	도서관	n.f.	cafetería	카페
n.f.	bicicleta	자전거	n.f.	caja	상자

품사	단어	뜻	품사	단어	뜻
n.m.	cajón	서랍	n.f.	cantidad	양
n.m.	calamar	오징어	n.f.	capital	수도
n.m.	calcetín	양말	n.m.	capítulo	(책 등의) 장
adj.	caliente	뜨거운	n.f.	cara	얼굴
n.f.	calle	거리	n.m.	caramelo	캔디
v.	calmarse	진정하다	v.	cargar	충전하다, 짐을 싣다
n.m/f.	calvo/a	대머리	n.f.	carne	고기
n.f.	cama	침대	n.m.	carné de conducir	운전면허증
n.f.	cámara	카메라	n.f.	carne magra	기름기가 적은 고기
n.m/f.	camarero/a	웨이터	n.f.	carne procesada	가공육
v.	cambiar	바꾸다	n.f.	carne roja	적색육
v.	cambiar de trabajo	이직하다	adj.	caro/a	비싼
v.	caminar	걷다	n.f.	carretera	도로
n.m.	camión	트럭	n.f.	carta	편지
n.f.	camisa	셔츠	n.f.	carta de recomendación	추천서
n.f.	camiseta	티셔츠	n.f.	cartera	지갑
v.	cancelar	취소하다	n.f.	casa	집
n.f.	canción	노래	v.	casarse	결혼하다
n.m.	cangrejo	게	n.m.	castillos de arena	모래성
adj.	cansado/a	피곤한	n.f.	catedral	대성당
n.m/f.	cantante	가수	v.	celebrar	축하하다
v.	cantar	노래하다	v.	cenar	저녁 식사하다

품사	단어	뜻	품사	단어	뜻
n.m.	centro	중심	n.m.	cinturón de seguridad	안전벨트
n.m.	centro comercial	쇼핑몰	n.f.	cita	예약
n.m.	cepillo de dientes	칫솔	n.f.	ciudad	도시
adj.	cercano/a	가까운	n.m/f.	ciudadano/a	시민
n.m.	cerdo	돼지고기	n.f.	clase	수업
n.m.	cereal	시리얼	v.	cocer	삶다
n.m.	cereal integral	통곡물 시리얼	n.m.	coche	차
n.f.	cerveza	맥주	n.m.	coche eléctrico	전기차
n.m.	césped	잔디	n.f.	cocina	부엌
n.m.	champú	샴푸	v.	cocinar	요리하다
n.f.	chaqueta	재킷	n.m/f.	cocinero/a	요리사
v.	charlar	수다를 떨다	n.m.	código postal	우편번호
n.m.	check-in	체크인	n.m.	cojín	쿠션
n.m.	check-out	체크아웃	n.m.	colegio	학교
n.m/f.	chico/a	소년 / 소녀	n.m.	collar	목걸이
n.m.	chiste	농담	n.m.	combustible	연료
v.	chocarse	부딪히다	v.	comenzar	시작하다
n.m.	cielo	하늘	v.	comer	먹다
n.m.	cigarillo	담배	n.f.	comida	음식
n.m.	cine	영화관	n.m/f.	compañero/a	동료
n.f.	cinta de equipaje	수하물 찾는 곳	adj.	complicado/a	복잡한
n.m.	cinturón	벨트	n.m.	comportamiento	행동

품사	단어	뜻
n.f.	compra	구매, 쇼핑
v.	comprar	사다
n.m.	compromiso	약속
loc. prepos.	con vistas a	~ 전망이 있는
n.m.	concierto	콘서트
n.m.	concurso	대회, 경연
v.	conducir	운전하다
n.m/f.	conductor/a	운전사
n.f.	confianza	신뢰
n.m.	conflicto	갈등
n.f.	confusión	혼란
v.	conocer	알다
v.	conocerse	서로 알다
v.	conseguir	얻다
n.m.	consejo	조언
adj.	constante	지속적인
n.m.	consumo	소비
v.	contar	이야기하다
v.	contener	포함하다
adj.	contento/a	기쁜
n.m.	continente	대륙
v.	contratar	고용하다

품사	단어	뜻
n.m.	control de seguridad	보안 검색대
n.f.	copa	와인잔
n.f.	corbata	넥타이
v.	corregir	수정하다, 채점하다
n.m.	correo electrónico	이메일
v.	correr	뛰다
n.f.	correspondencia	환승
v.	cortar	자르다
v.	cortarse	다치다, 베다
n.f.	cortina	커튼
n.m/f.	cosmético/a	화장품
v.	costar	비용이 들다
n.f.	costumbre	관습
v.	crear	만들다
n.f.	crema	크림
n.m.	crucero	크루즈
n.m.	cuadro	그림
n.f.	cuchara	숟가락
n.m.	cuchillo	칼, 나이프
n.m.	cuello	목
n.f.	cueva	동굴
n.m.	cuidado	주의, 조심

품사	단어	뜻	품사	단어	뜻
adj.	cultural	문화적인	adv.	deprisa	급히
n.m.	cumpleaños	생일	n.f.	derecha	오른쪽
n.m.	curriculum vitae	이력서	v.	desayunar	아침 식사하다
v.	dar prisa	서두르다	n.m.	desayuno	아침 식사
v.	dar una vuelta	산책하다	v.	descansar	쉬다
v.	darse cuenta	깨닫다, 알아차리다	n.m.	descanso	휴식
v.	darse la mano	악수하다	n.m.	descuento	할인
adv.	de repente	갑자기	n.m.	desinfectante de manos	손 소독제
adv.	de un tirón	한 번에, 단번에	v.	despedir	배웅하다, 해고하다
n.m.	deberes	숙제	v.	despedirse	작별 인사하다
v.	decidir	결정하다	n.m.	despertador	알람 시계
v.	decir	말하다	v.	despertar	깨우다
v.	decorar	장식하다	n.m.	detergente	세제
n.m.	dedo	손가락	v.	devolver	반납하다
v.	dejar	놓다, 빌려 주다	n.m.	día	날
v.	dejar a alguien los apuntes	~에게 필기를 빌려주다	n.m.	diccionario	사전
v.	dejar de trabajar	일을 그만두다	adj.	difícil	어려운
adj.	delicioso/a	맛있는	n.m.	digestivo	소화제
n.m/f.	dentista	치과의사	adj.	digestivo/a	소화가 잘 되는
n.m.	deporte	스포츠	n.m.	dinero	돈
n.m/f.	deportista	운동선수	n.m/f.	director/a	감독
n.m.	depósito	탱크	v.	disfrutar	즐기다

품사	단어	뜻
n.m.	dispositivo	장치
adj.	distinto/a	다른
adj.	divertido/a	재미있는
v.	divertirse	즐기다
n.m/f.	doctor/a	의사
n.m.	documento	문서
n.m.	dolor de cabeza	두통
n.m.	dolor de espalda	허리 통증
n.m.	domingo	일요일
v.	dormir	자다
v.	dormirse	잠이 들다
n.m.	dormitorio	침실
n.m.	dos besos	볼 키스
v.	ducharse	샤워하다
n.m.	edificio	건물
n.m.	ejemplo	예시
n.m.	ejercicio	운동, 연습
v.	emborracharse	취하다
adj.	emocionante	감동적인, 흥분한
v.	empezar	시작하다
n.m/f.	empleado/a	회사원
n.f.	empresa	회사

품사	단어	뜻
adv.	en línea	온라인
v.	encantar	매료시키다
v.	encontrarse	만나다
n.m/f.	enfermero/a	간호사
n.f.	ensalada	샐러드
v.	entender	이해하다
n.f.	entrada	입장권
n.f.	entrada principal	정문, 주요 입구
v.	entrar	들어가다
v.	entrar a una empresa	입사하다
v.	entregar	전달하다, 제출하다
v.	entrenar	훈련하다
n.f.	entrevista	면접
v.	enviar	보내다
n.m.	equipaje	수하물
n.m.	equipaje de mano	기내용 수하물
v.	equivaler	동등하다, 같다
n.m.	error	잘못, 실수
n.f.	escalera	계단
v.	escapar	도망치다
v.	escribir	쓰다
n.m.	escritorio	책상

품사	단어	뜻
v.	escuchar	듣다
v.	escupir	침 뱉다
adv.	especialmente	특히
n.m.	espejo	거울
v.	esperar	기다리다
adj.	espléndido/a	멋진, 화창한
n.f.	esponja de ducha	샤워볼
n.f.	estación	역
n.m.	estado	상태
n.m.	estado civil	결혼여부
adj.	estresado/a	스트레스를 받는
n.m/f.	estudiante	학생
n.m/f.	estudiante de intercambio	교환 학생
n.m.	evento	이벤트
v.	evitar	피하다
n.m.	examen	시험
n.f.	excusa	변명
adj.	exótico/a	이국적인
n.f.	experiencia	경험
n.f.	experiencia laboral	직업 경험, 경력
adj.	extra	추가의
① n.m/f. ② adj.	extranjero/a	① 외국인, 외국 ② 외국의
adj.	extraño/a	이상한
n.f.	falda	치마
n.f.	familia	가족
n.m/f.	farmacéutico/a	약사
n.f.	farmacia	약국
n.f.	fecha de nacimiento	생년월일
adj.	feliz	행복한
n.m.	festival	축제
n.f.	fiesta	파티
n.f.	fiesta de cumpleaños	생일 파티
n.f.	fila	줄
n.m.	fin de semana	주말
n.f.	flor	꽃
n.f.	fluidez	유창함
n.m.	folleto	팜플렛, 안내 책자
n.f.	foto	사진
n.f.	freidora	튀김기
n.f.	fresa	딸기
adj.	fresco/a	신선한
adj.	frío/a	추운
n.f.	fruta	과일
n.f.	frutería	과일 가게

품사	단어	뜻
n.m.	fruto seco	견과류
v.	fumar	흡연하다
v.	funcionar	작동하다
n.m.	futuro	미래
n.f.	gafas	안경
n.f.	gafas de sol	선글라스
n.f.	gamba	새우
v.	ganar	이기다
v.	gastar	쓰다, 사용하다
n.m/f.	gato/a	고양이
n.m.	gel de ducha	샤워젤
n.m.	género	성별
adj.	genial	훌륭한, 굉장한
n.m.	gimnasio	체육관, 헬스장
adj.	gordo/a	뚱뚱한
n.f.	gorra	모자
n.m.	gorro	비니
adj.	grande	큰
n.m.	grano	곡물
n.m.	grano integral	통곡물
n.f.	gripe	독감
adj.	guapo/a	잘생긴

품사	단어	뜻
n.m.	guepardo	치타
n.f.	habitación	방
n.f.	habitación triple	트리플 룸
v.	hablar	말하다
v.	hacer	하다
v.	hacer ejercicio	운동하다
v.	hacer el picnic	피크닉을 하다
v.	hacer la tarea	숙제를 하다
n.f.	hambre	배고픔
n.f.	harina	밀가루
n.f.	harina refinada	정제 밀가루
n.m.	helado	아이스크림
n.m/f.	hermano/a	형제 / 자매
adj.	hermoso/a	아름다운
n.m/f.	hijo/a	아들 / 딸
n.f.	historia	역사
n.f.	hoja	잎, 종이
n.f.	hora	시간
n.m.	hospital	병원
adv.	hoy	오늘
n.m.	huevo	계란
n.f.	identidad	신원

품사	단어	뜻	품사	단어	뜻
n.m.	idioma	언어	n.m.	itinerario	일정, 여정
n.f.	iglesia	교회	n.f.	izquierda	왼쪽
adj.	impresionante	인상적인	n.m.	jabón	비누
adj.	incómodo/a	불편한	n.m.	jardín	정원
n.f.	información	정보	n.m/f.	jefe/a	상사
n.m.	informe	보고서	n.m.	jersey	스웨터
v.	ingerir	섭취하다	① n.m/f. ② adj.	joven	① 청년, 청소년 ② 젊은
n.m.	ingrediente	재료	n.m.	jueves	목요일
n.f.	instrucción	지시, 설명서	v.	jugar	놀다
adj.	inteligente	똑똑한	n.m.	jugo	주스
v.	intentar	시도하다	n.m.	juguete	장난감
adj.	interesante	흥미로운	adj.	laboral	직업의
v.	interesar	흥미[관심]을 가지게 하다	v.	ladrar	짖다
adj.	internacional	국제적인	n.f.	lámpara de escritorio	책상용 스탠드
n.m.	invierno	겨울	adj.	largo/a	긴
n.m/f.	invitado/a	손님, 초대 손님	n.f.	lavadora	세탁기
v.	invitar	초대하다	v.	lavar	씻다
n.f.	inyección	주사	v.	lavarse	씻다
v.	ir	가다	n.m.	lavavajillas	식기세척기
v.	ir a pie	걸어서 가다	n.f.	leche	우유
v.	ir al trabajo	출근하다	n.f.	legumbre	콩류
v.	irse	떠나다	v.	levantarse	일어나다

품사	단어	뜻
n.m.	libro	책
v.	limpiar	청소하다
adj.	limpio/a	깨끗한
adj.	lindo/a	귀여운, 사랑스러운
n.f.	lista de espera	대기자 명단
n.m.	litro	리터
v.	llamar	부르다
v.	llamarse	불리다
n.f.	llave	열쇠
v.	llegar	도착하다
v.	llenar	채우다
adj.	lleno/a	가득 찬
v.	llevar	가지고 다니다, 데려가다
v.	llorar	울다
v.	llover	비가 오다
n.f.	lluvia	비
adj.	lluvioso/a	비가 잦은
v.	lograr	이루다
n.m.	Londres	런던
v.	luchar	싸우다
v.	luchar contra uno mismo	자신과 싸우다
n.m.	lugar	장소, 위치

품사	단어	뜻
n.m.	lunes	월요일
n.f.	luz	빛
n.f.	madre	어머니
① n.m/f. ② adj.	madrileño/a	① Madrid 사람 ② 마드리드의
adj.	majo/a	멋진
n.f.	maleta	(휴대용의) 여행 가방, 캐리어
① n.f. ② adv.	mañana	① 아침 ② 내일
v.	mantenerse en forma	건강을 유지하다, 몸매를 유지하다
n.f.	mantequilla	버터
n.f.	manzana	사과
n.m.	mapa	지도
v.	maquillarse	화장하다
v.	marearse	멀미하다
n.f.	margarina	마가린
n.m.	marido	남편
n.m.	marisco	해산물
n.m/f.	maratón	마라톤
n.m.	martes	화요일
n.f.	mascarilla	마스크
n.f.	mascota	애완동물
adj.	mayor de edad	성인
n.m.	medicamento	약

품사	단어	뜻	품사	단어	뜻
n.m/f.	médico/a	의사	v.	mostrar	보여주다
n.m.	medio de transporte	교통수단	n.m.	motivo	이유
n.f.	mejilla	뺨	n.f.	motocicleta	오토바이
n.m.	mejillón	홍합	v.	mover	움직이다
adj.	mejor	더 좋은	n.f.	mudanza	이사
adj.	menor de edad	미성년자	v.	mudarse	이사하다
n.m.	mercado	시장	n.m.	mueble	가구
n.m.	mes	달	n.f.	mujer	여자, 부인
n.f.	mesa	탁자	n.f.	multa	벌금
v.	meter	넣다	n.m.	museo	박물관
n.m.	metro	지하철	n.f.	música	음악
n.m.	microondas	전자레인지	n.m/f.	músico/a	음악가, 연주자
n.m.	miércoles	수요일	n.f.	napolitana	뺑 오 쇼콜라
adj.	mismo/a	같은	n.f.	naranja	주황색, 오렌지
n.m.	modal	매너	n.f.	nariz	코
adj.	moderno/a	현대적인	n.f.	navidad	크리스마스
v.	molestar	괴롭히다, 성가시게 하다	v.	necesitar	필요로 하다
n.m.	momento	순간	adj.	negro/a	검은
n.f.	montaña	산	adj.	nervioso/a	긴장된
n.m.	monumento	기념물	v.	nevar	눈이 내리다
v.	morir	죽다	n.f.	nevera	냉장고
n.m.	mosquito	모기	n.f.	nicotina	니코틴

품사	단어	뜻	품사	단어	뜻
n.m/f.	niño/a	아이	n.f.	oreja	귀
n.f.	noche	밤	v.	organizar	계획하다, 준비하다
adj.	nocturno/a	밤의, 야간의	v.	organizarse	계획되다, 편성되다
n.m.	nombre	이름	n.f.	paciencia	인내
n.f.	norma	규범, 표준	n.m/f.	paciente	환자
n.f.	nota	성적	n.m.	padre	아버지
n.f.	noticia	뉴스, 알림	n.f.	página	페이지
n.m/f.	novio/a	남자친구 / 여자친구	n.m.	país	나라
adj.	nuevo/a	새로운	n.m.	palillos	젓가락
n.f.	nuez	호두	n.m.	pan blanco	흰 빵
n.m.	número de teléfono	전화번호	n.f.	panadería	제과점
adv.	nunca	결코, 한 번도 … 아니다	n.m.	pantalón	바지
n.f.	obra	작품	n.m.	papel higiénico	화장지
n.f.	ocasión	기회	n.f.	papelera	휴지통
adj.	ocupado/a	바쁜	n.m.	paquete	소포
n.f.	oficina	사무실	n.f.	parada	정류장
v.	oír	듣다	n.m.	parche	패치
n.m.	ojo	눈	v.	parecer	보이다, 나타나다
n.f.	ola de frío	한파	n.m.	París	파리
v.	olvidarse	잊다	n.m.	parque	공원
n.f.	oportunidad	기회	adv.	pasado mañana	모레
n.m.	ordenador	컴퓨터	adj.	pasado/a	지난

품사	단어	뜻	품사	단어	뜻
n.m/f.	pasajero/a	승객	n.m.	pelo	머리카락
n.m.	pasaporte	여권	n.m.	pelo liso	생머리, 직모
v.	pasar	지나가다	n.m.	pelo ondulado	웨이브 머리
v.	pasear	산책하다	n.f.	peluquería	미용실
n.m.	paso de peatones	횡단보도	n.m.	pendientes	귀걸이
n.f.	pasta	파스타	v.	pensar	생각하다
n.f.	pasta de dientes	치약	adj.	pequeño/a	작은
n.m.	pastel	케이크	n.f.	percha	옷걸이
n.f.	pastilla	알약	v.	perder	잃다
n.f.	patatas fritas	감자튀김	n.m/f.	periodista	기자
n.m.	pecho	가슴	n.m.	permiso	허가
v.	pedir	요청하다	n.m/f.	perro/a	개, 강아지
v.	pedir la cuenta	계산서를 요청하다	adj.	personal	개인적인, 사적인
v.	pedir un día libre	휴가를 신청하다	n.m.	pescado	생선
v.	peinarse	머리 빗다	n.m.	pez	물고기
v.	pelar	껍질을 벗기다	n.m/f.	pianista	피아니스트
v.	pelear	싸우다	adj.	picante	매운
n.f.	película	영화	n.m/f.	piloto/a	조종사, 파일럿
n.f.	película policíaca	범죄 영화	v.	pintar	그리다
n.f.	películas de acción	액션 영화	v.	pintarse	화장하다
n.f.	películas de aventura	모험 영화	n.m.	piso	아파트
n.f.	películas de terror	공포 영화	n.f.	pizarra	칠판

품사	단어	뜻	품사	단어	뜻
n.f.	pizza	피자	n.m.	problema	문제
n.f.	planta	식물	n.m.	proceso	과정
n.m.	plato	접시	n.m/f.	profesor/a	선생님
n.f.	playa	해변	adj.	prohibido/a	금지된
v.	poder	할 수 있다	v.	prometer	약속하다
n.m/f.	policía	경찰	n.m.	pronóstico	예보
n.m.	polideportivo	스포츠 센터	adj.	propio/a	자신의, 고유의
n.m.	pollo	닭고기	n.m.	protector solar	자외선 차단제, 선크림
v.	poner	놓다	n.f.	proteína	단백질
v.	ponerse	입다	adj.	próximo/a	다음의
n.m.	Portugal	포르투갈	n.m.	proyecto	프로젝트
n.m.	postre	디저트	n.m.	pueblo	마을
v.	preguntar	질문하다	n.f.	puerta	게이트
v.	preocuparse	걱정하다, 마음이 쓰이다	n.f.	pulsera	팔찌
v.	preparar	준비하다	v.	quedar	남다
n.f.	presentación	발표	v.	quedarse	남다, 머물다
n.m/f.	presidente/a	사장	v.	quejarse	불평하다
v.	prestar	빌려주다	v.	querer	원하다
n.f.	primaria	초등학교	n.m.	queso	치즈
n.m/f.	primo/a	사촌	v.	quitarse	벗다
adj.	privado/a	개인적인	n.f.	radio	라디오
v.	probar	시도하다	adv.	rápidamente	신속하게, 빨리

품사	단어	뜻
n.f.	raqueta de tenis	테니스 라켓
n.m.	rato	잠시, 짧은 시간
adj.	razonable	합리적인
n.f.	recepción	접수처, 프런트
n.m/f.	recepcionista	접수처 직원, 프런트 직원
adv.	recientemente	최근에
v.	recomendar	추천하다
v.	recordar	기억하다
v.	reducir	줄이다
n.m.	refresco	음료
v.	regalar	선물하다
n.m.	regalo	선물
n.f.	región	지역
n.f.	regla	규칙
v.	reírse	웃다
n.m.	reloj	시계
n.m.	reloj de pulsera	손목시계
v.	repetir	반복하다
n.f.	reserva	예약
n.f.	residencia	기숙사
v.	resolver	해결하다
v.	respetar	존중하다

품사	단어	뜻
① n.m/f. ② adj.	responsable	① 책임자 ② 책임이 있는
n.f.	respuesta	대답
n.m.	restaurante	식당
n.m.	resultado	결과
n.m.	retraso	지연, 늦음
n.f.	reunión	회의
n.f.	revista	잡지
n.f.	revista de moda	패션 잡지
adj.	rico/a	맛있는
v.	romper	깨다, 부수다
v.	romperse	부러지다
n.f.	ropa	옷
n.f.	rotonda	로터리
n.m.	ruido	소음
adj.	ruidoso/a	시끄러운
n.m.	sábado	토요일
n.f.	sal	소금
n.f.	sala de espera	대기실
n.m.	salario	급여
v.	salir	나가다
v.	salir del trabajo	퇴근하다
n.m.	salmón	연어

품사	단어	뜻
n.m.	salón	거실
n.f.	salsa	소스
v.	saltear	볶다
adj.	saludable	건강한
v.	saludarse	인사하다
n.f.	sandalia	샌들
n.f.	sangría	상그리아
n.m.	secador de pelo	헤어 드라이어
n.m/f.	secretario/a	비서
n.m.	secreto	비밀
n.f.	sed	목마름
prep.	según	~에 따르면
n.m.	seguro	보험
n.m.	semáforo	신호등
n.f.	semana	주
v.	señalar	가리키다
n.m/f.	señor/a	…님, …씨, … 귀하
v.	sentarse	앉다
n.m.	sentido común	상식
v.	sentirse	느끼다
n.f.	serie	시리즈
n.f.	servilleta	냅킨

품사	단어	뜻
v.	servir	제공하다
n.f.	silla	의자
n.m.	sillón	1인용 쇼파
adj.	simpático/a	친절한
prep.	sin	~없이
n.f.	situación	상황
n.m.	sofá	소파
adj.	soleado/a	맑은, 화창한
v.	sonar	울리다
n.f.	sonrisa	미소
n.f.	sopa	수프
v.	sorprenderse	놀라다
n.f.	sorpresa	놀라움
v.	subir	올라가다
v.	suceder	발생하다
n.f.	sudadera	후드
n.m.	supermercado	슈퍼마켓
v.	suspenderse	중단되다
n.f.	sustancia	물질
n.f.	taquilla	매표소
① n.f. ② adv.	tarde	① 오후 ② 늦게
n.f.	tarea	과제

품사	단어	뜻	품사	단어	뜻
n.f.	tarjeta de embarque	탑승권	n.f.	tirita	반창고
n.f.	tarjeta de transporte	교통 카드	n.f.	toalla	수건
n.f.	tarta	케이크	v.	tocar	치다
n.m.	taxi	택시	v.	tomar	마시다, 잡다
n.f.	taza	잔	n.f.	tonterías	바보 같은 소리, 어리석은 짓
n.m.	té	차	n.f.	tormenta	폭풍
n.m.	té verde	녹차	n.m.	toro	황소
n.m.	teatro	극장	n.f.	tostadora	토스터
n.m/f.	técnico/a	기술자	v.	trabajar	일하다
n.f.	tecnología	기술	n.m.	trabajo	일, 직업
n.m.	teléfono	전화	n.f.	tradición	전통
n.f.	televisión	텔레비전	v.	traer	가져오다
n.f.	temperatura	온도	n.m.	tráfico	교통
n.f.	temporada	계절, 시기, 제철	n.m.	traje	정장
adj.	temprano	일찍	adj.	tranquilo/a	조용한
n.m.	tenedor	포크	n.m.	transbordo	환승
v.	tener éxito	성공하다	n.m.	transporte	교통
v.	tener ganas de	~하고 싶다	v.	tratar	다루다
v.	terminar	끝내다	n.m.	tren	기차
n.m.	tiempo	시간	adj.	triste	슬픈
n.f.	tienda	가게	n.m/f.	turista	관광객
n.m/f.	tío/a	삼촌 / 이모	adj.	turístico/a	관광의

품사	단어	뜻
n.f.	uña	손톱
n.f.	universidad	대학교
n.f.	urgencias	응급실
v.	usar	사용하다
n.m.	uso	사용
adj.	útil	유용한
n.f.	uva	포도
n.f.	vaca	소
n.f.	variedad	다양성
n.m.	vaso	컵
n.m/f.	vecino/a	이웃
n.m.	vegetal	식물
n.m/f.	vegetariano/a	채식주의자
v.	vender	팔다
v.	venir	오다
n.f.	ventana	창문
v.	ver	보다
n.m.	verano	여름
n.f.	verdad	진실
n.f.	verdura	채소
n.m.	vestido	드레스, 원피스
v.	vestirse	옷을 입다

품사	단어	뜻
n.f.	vez	번
n.m.	viaje	여행
n.m/f.	viajero/a	여행자
n.m.	viernes	금요일
n.m.	vinagre	식초
n.m.	vino	와인
v.	visitar	방문하다
n.m/f.	viudo/a	홀아비, 과부
v.	vivir	살다
v.	volver	돌아오다
n.m.	zapato	신발
n.m.	zumo	주스

Spanishmaster

900+
Vocabulario
y
gramática ①

◆ Soluciones ◆

Ejercicio 1

01	pelo	06	cabeza
02	nariz	07	ojo
03	cara	08	oreja
04	boca	09	cuello
05	pecho	10	brazo

Ejercicio 2

01	abuelo	06	tío
02	hermanos	07	hijos
03	tía	08	hija
04	hermana	09	padres
05	abuela	10	marido

Ejercicio 3

01	ca_mi_sa	06	_pa_ntalones
02	camise_ta_	07	cha_que_ta
03	jerse_y_	08	calcetines
04	vest_i_do	09	_za_patos
05	f_a_lda	10	ro_pa_

Ejercicio 4

01	ⓖ zumo	06	ⓘ batido
02	ⓒ té	07	ⓐ café
03	ⓙ cerveza	08	ⓔ helado
04	ⓗ refresco	09	ⓕ agua
05	ⓓ tarta	10	ⓑ postre

Ejercicio 5

01	④ arroz	06	③ vino
02	① sopa	07	① sangría
03	② marisco	08	③ café con leche
04	② gamba	09	① tarta
05	④ ensalada	10	④ té verde

Ejercicio 6

01	estudiante	06	bombero
02	profesor	07	cocinera
03	doctor	08	camarera
04	enfermera	09	actriz
05	policía	10	empleado

Ejercicio 7

01	ca_sa_	06	ba_ño_
02	_m_ueble	07	co_c_ina
03	sal_ón_	08	sof_á_
04	habita_ción_	09	ca_ma_
05	_d_ormitorio	10	si_lla_

Ejercicio 8

01	abogada	06	es
02	treinta	07	vuestro
03	abuelo	08	canción
04	silla	09	Seúl
05	clase	10	chico

Ejercicio 9

01	④ gafas
02	① gafas de sol
03	① anillo
04	④ pulsera
05	② collar
06	① pendientes
07	② gorro
08	① cinturón
09	③ gorra
10	③ reloj de pulsera

Ejercicio 10

01 estudiante
02 guapo
03 antipático
04 triste
05 juguete
06 correr
07 farmacia
08 artista
09 arroz
10 bien

Ejercicio 11

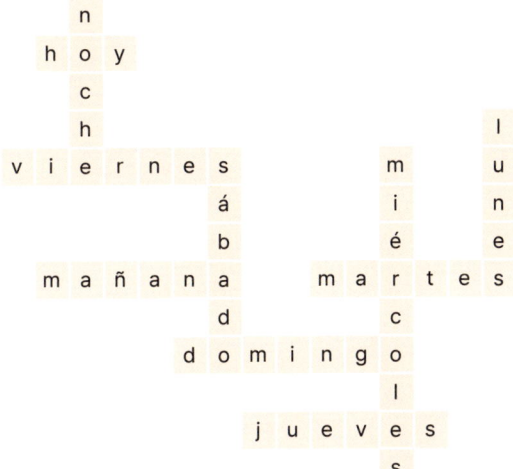

Ejercicio 12

01 ② autobús
02 ④ parada
03 ③ tarjeta de transporte
04 ① conductor
05 ④ metro
06 ② billete
07 ④ carretera
08 ① semáforo
09 ③ avión
10 ② motocicleta

Ejercicio 13

01 maleta
02 con vistas al
03 recepcionista
04 check-in
05 habitación triple
06 desayuno
07 aparcamiento
08 reserva
09 recepción
10 check-out

Ejercicio 14

01 avión
02 puerta
03 pasaporte
04 piloto
05 azafata
06 cinta de equipaje
07 tarjeta de embarque
08 equipaje
09 equipaje de mano
10 control de seguridad

Ejercicio 15

C	A	T	E	D	R	A	L	U	C	H	M
I	M	C	A	K	M	U	S	E	O	E	T
T	O	G	U	F	Y	W	F	I	L	A	A
I	N	T	D	F	O	L	L	E	T	O	Q
N	U	U	I	W	G	Z	R	U	Q	E	U
E	M	R	O	F	G	J	P	L	N	A	I
R	E	I	G	Z	A	X	H	T	A	L	L
A	N	S	U	I	M	U	R	H	Q	R	L
R	T	T	í	T	U	A	Q	I	N	T	A
I	O	A	A	P	D	V	K	T	D	R	A
O	C	D	V	A	U	B	J	D	T	T	K
O	X	M	H	E	D	Y	T	E	M	T	P

149

Ejercicio 16

01 carné de conducir
02 depósito
03 combustible
04 cinturón de seguridad
05 autopista
06 paso de peatones
07 motocicleta
08 seguro
09 alquilar
10 devolver

Ejercicio 17

01 farmacia
02 farmacéutico
03 pastilla
04 antibiótico
05 tirita
06 protector solar
07 alergia
08 desinfectante de manos
09 crema
10 mascarilla

Ejercicio 18

01 hospital
02 médico
03 dolor de espalda
04 dolor de cabeza
05 cita
06 sala de espera
07 urgencias
08 paciente
09 medicamento
10 inyección

Ejercicio 19

01 nombre
02 apellido
03 mayor de edad, menor de edad
04 género
05 fecha de nacimiento
06 número de teléfono
07 estado civil
08 código postal
09 viuda
10 correo electrónico

Ejercicio 20

01 bachillerato
02 biblioteca
03 aula
04 universidad
05 descanso
06 deberes
07 festival
08 primaria
09 residencia
10 nota

Ejercicio 21

01 ② salir del
02 ② pedir
03 ① cambiar de
04 ① va al
05 ① compañeros
06 ④ experiencia laboral
07 ③ ascender
08 ② trabajar
09 ① curriculum vitae
10 ④ entrevista

Ejercicio 22

01 ① cepillo de dientes
02 ② pasta de dientes
03 ③ jabón
04 ④ papel higiénico
05 ③ papelera
06 ② tenedor

07 ③ cuchara
08 ① palillos
09 ④ plato
10 ③ taza

Ejercicio 23

01 al<u>m</u>ohada
02 escri<u>t</u>orio
03 <u>s</u>illón
04 <u>c</u>ajón
05 cortin<u>a</u>
06 <u>p</u>e<u>r</u>cha
07 <u>e</u>spejo
08 <u>c</u>o<u>j</u>ín
09 al<u>f</u>o<u>m</u>bra
10 lá<u>m</u><u>p</u>ara

Ejercicio 24

01 ⓕ lavadora
02 ⓙ nevera
03 ⓑ lavavajillas
04 ⓖ arrocera
05 ⓒ microondas
06 ⓓ tostadora
07 ⓔ freidora
08 ⓘ aire acondicionado
09 ⓗ aspiradora
10 ⓐ secador de pelo

Ejercicio 25

```
        a z ú c a r
      l       o
    s a l t e a r
      v       t
a     a     s a l
c o c e r   r
e         p
i n g r e d i e n t e
t         l
e       s a l s a
          r
```

Ejercicio 26

01 el
02 la
03 la
04 la
05 la
06 los
07 las
08 la
09 la
10 el

Ejercicio 27

01 un
02 una
03 unas
04 unas
05 unos
06 unos
07 un
08 una
09 unas
10 un

Ejercicio 28

01 chica
02 gata
03 perra
04 abuela
05 madre
06 señora
07 mujer/esposa
08 pianista
09 alumna
10 profesora

Ejercicio 29

01 libros
02 camas
03 universidades
04 amigas
05 aviones
06 trenes
07 ciudades
08 directores
09 alumnos
10 luces

Ejercicio 30

01 útil
02 grande
03 caliente
04 pequeño
05 divertida
06 inteligente
07 azul
08 difícil
09 cariñosa
10 limpias

Ejercicio 31

01 su
02 tus
03 nuestro
04 Mi
05 Su
06 vuestro
07 Su
08 Nuestro
09 Mis
10 su

Ejercicio 32

01 Este
02 Este
03 Esta
04 Estas
05 Esta
06 Esta
07 esta
08 este
09 estas
10 estos

Ejercicio 33

01 soy
02 eres
03 es
04 es
05 somos
06 sois
07 son
08 somos
09 sois
10 son

Ejercicio 34

01 estoy
02 estás
03 están
04 está
05 están
06 está
07 estamos
08 está
09 estáis
10 está

Ejercicio 35

01 es
02 estamos
03 somos
04 es
05 eres
06 están
07 son
08 es
09 está
10 está / es

Ejercicio 36

01 estudio
02 desayunas
03 camina
04 trabaja
05 vivimos
06 ladran
07 lloro
08 toca
09 compran
10 Paseáis

Ejercicio 37

01 soy
02 podemos
03 dices
04 piensa
05 tienes
06 repite
07 empieza
08 vas
09 nieva
10 duermen

Ejercicio 38

01 estamos jugando
02 está llamando
03 están hablando
04 estáis haciendo
05 está bebiendo
06 están bailando
07 estamos comiendo
08 está pintando
09 estás viendo
10 está vendiendo

Ejercicio 39

01 ⓓ Hace viento.
02 ⓖ Está nublado.
03 ⓗ Está despejado.
04 ⓐ Hace calor.
05 ⓙ Nieva.
06 ⓕ Hace mal tiempo.
07 ⓒ Hace sol.

08 ⓑ Hace frío.
09 ⓔ Hace buen tiempo.
10 ⓘ Llueve.

Ejercicio 40

01 Son las nueve.
02 Son las ocho.
03 Son las diez.
04 Son las dos y media.
05 Son las siete.
06 Son las once.
07 Son las cuatro.
08 Son las cinco.
09 Son las seis.
10 Son las doce.

Ejercicio 41

01 gusta
02 gusta
03 gustan
04 gustan
05 gustan
06 gusta
07 gustan
08 gustan
09 gustan
10 gusta

Ejercicio 42

01 más ... que
02 tan ... como
03 más ... que
04 menos ... que
05 menos ... que
06 tan ... como
07 más ... que
08 más ... que
09 menos ... que
10 más ... que

Ejercicio 43

01 la ciudad más grande
02 el continente más pequeño
03 el país más pequeño
04 la región más lluviosa
05 la ciudad más turística
06 el país más frío
07 la ciudad más soleada
08 el edificio más alto
09 la playa más bonita
10 la ciudad más antigua

Ejercicio 44

01 peor
02 peor
03 mayor
04 mejor
05 mejor
06 mejor
07 peores
08 menor
09 mejor
10 mejores

Ejercicio 45

01 ③ en
02 ③ con
03 ① sin
04 ② para
05 ② a
06 ③ a
07 ③ en
08 ① En
09 ① por
10 ② para

Ejercicio 46

01 se corta
02 Me pinto
03 me ducho
04 se levantan
05 se lava
06 Me pongo
07 se llama
08 Me afeito
09 se maquilla
10 me quito

Ejercicio 47

01 va a leer
02 vamos a ir
03 vas a hacer
04 va a llevar
05 va a nevar
06 van a quedar
07 voy a ver
08 va a tomar
09 voy a cocinar
10 Vais a estudiar

Ejercicio 48

01 ⓓ
02 ⓗ
03 ⓕ
04 ⓙ
05 ⓔ
06 ⓑ
07 ⓐ
08 ⓒ
09 ⓖ
10 ⓘ

Ejercicio 49

01 ha comprado
02 has prometido
03 hemos visitado
04 habéis ido
05 he cambiado
06 han llegado
07 ha preparado
08 ha terminado
09 ha bebido
10 ha corregido

Ejercicio 50

01 has dicho
02 habéis visto
03 he hecho
04 ha abierto
05 ha roto
06 Ha muerto
07 hemos vuelto
08 has puesto
09 ha escrito
10 han vuelto

Ejercicio 51

01 se ha levantado
02 os habéis lavado
03 me he acostado
04 nos hemos divertido
05 me he duchado
06 se han casado
07 te has sentido
08 os habéis ido
09 se han olvidado
10 se ha afeitado

Ejercicio 52

01 limpió
02 jugamos
03 compró
04 comieron
05 trabajaste
06 preparé
07 hablasteis
08 corriste
09 pasó
10 viajasteis

Ejercicio 53

01 vino
02 pidió
03 pudisteis
04 Fueron
05 dijiste
06 estuvieron
07 quisimos
08 hiciste
09 llegué
10 leyó

Ejercicio 54

01 vio
02 ganó
03 invitamos
04 fuiste
05 dormí
06 oíste
07 pidió
08 vivieron
09 salió
10 estuvisteis

Ejercicio 55

01 era, gustaba
02 comíamos
03 veíais
04 íbamos
05 era
06 decorábamos
07 contaba
08 tomaba
09 corría
10 construíamos

Ejercicio 56

01 estudiaban, sucedió
02 era, vivía
03 leía, sonó
04 llegamos, había
05 salía
06 hicimos

07 cocinaba, pude
08 me encontré, charlamos
09 pasaba
10 me levanté, desayuné

Ejercicio 57

01	lo	06	las
02	las	07	los
03	los	08	los
04	lo	09	lo
05	los	10	la

Ejercicio 58

01	los	06	la
02	nos, os	07	los
03	te	08	los
04	lo	09	Me
05	los	10	lo

Ejercicio 59

01	me	06	me
02	nos	07	os
03	nos	08	le
04	les	09	le
05	te	10	les

Ejercicio 60

01	se lo	06	dársela.
02	te lo	07	traértela
03	se lo	08	contártelo
04	se los	09	dársela
05	se la	10	pasártela

Ejercicio 61

01	a	06	para
02	para	07	sin
03	en	08	de
04	con	09	a
05	sin	10	por

Ejercicio 62

01	por	06	por
02	por	07	por
03	para	08	para
04	por	09	para
05	para	10	por

Ejercicio 63

01	Bebe	06	Lava
02	Abre	07	Llama
03	Entra	08	Habla
04	Estudia	09	Baila
05	Trabaja	10	Corta

Ejercicio 64

01	Venga	06	Ponga
02	Prepare	07	Sea
03	Llame	08	Descanse
04	Reserve	09	Diga
05	Vaya	10	Tenga

Ejercicio 65

01	gire	06	supere
02	gire	07	fume
03	pase	08	coma
04	haga	09	use
05	pise	10	entre

Ejercicio 66

01 Levántate
02 Quédate
03 Aféitate
04 Relájate
05 Diviértete
06 Córtese
07 Lávese
08 Siéntese
09 Despídase
10 Cálmese

Ejercicio 67

01 cerrad
02 fumes
03 disfruten
04 id, comprad
05 agita
06 habléis
07 sacad
08 molestéis
09 limpia, pasa
10 recoge

Ejercicio 68

01 visitaremos
02 olvidarán
03 se mudará
04 dejará
05 comenzará
06 descansaré
07 encontrarás
08 volverán
09 cumplirá
10 viajaréis

Ejercicio 69

01 habrá
02 podrás
03 sabrás
04 pondrá
05 sabrán
06 podré
07 diré
08 vendremos
09 saldrán
10 tendrán

Ejercicio 70

01 tendremos
02 participará
03 saldré
04 prestaré
05 habrá
06 llevaré
07 habrá
08 podrá
09 llegaré
10 Haremos

Ejercicio 71

01 acompaño
02 tendrás
03 descansa
04 aprenderás
05 sacarás
06 come
07 podemos
08 te sentirás
09 compro
10 ponte

Ejercicio 72

01 Tengo un perro que corre muy rápido.
02 Sara tiene una hermana que vive en Madrid.
03 Estoy leyendo un libro que es muy interesante.
04 Este es el coche que compré el año pasado.
05 Mi hermano tiene una bicicleta que es roja.
06 Ellos tienen una casa que está en la playa.
07 Tengo un vecino que siempre me ayuda.
08 Mario y Julia tienen un hijo que juega al fútbol.
09 Vi una película que me hizo llorar mucho.
10 Esta es la camisa que me regaló mi madre.

Ejercicio 73

01 El café que probé ayer estaba muy bueno.
02 El libro que me recomendaste me gusta mucho.
03 La casa que compraron es muy grande.
04 La ciudad que visitamos es la más moderna.
05 El perro que adoptamos es muy lindo.
06 La cafetería que nos recomendaste es acogedora.
07 El viaje que hicimos el verano pasado fue el mejor del año.

08 El coche que compramos es muy rápido.

09 La comida que comimos en el restaurante estaba deliciosa.

10 La montaña que subimos fue la más alta que hemos subido.

Ejercicio 74

01	o	06	o
02	o	07	y
03	o	08	y
04	e	09	y
05	o	10	u

Ejercicio 75

01	ni	06	y
02	ni	07	ni
03	y	08	ni
04	ni	09	y
05	ni	10	ni

Ejercicio 76

01	pero	06	pero
02	porque	07	pero
03	por eso	08	Aunque
04	porque	09	por eso
05	Aunque	10	porque

Ejercicio 77

01	mía/nuestra	06	mía
02	vuestras	07	suyas
03	tuyas	08	tuyos
04	mías	09	míos
05	vuestra	10	mía

Ejercicio 78

01	nos, lo	06	te, lo
02	os, las	07	se, la
03	me, los	08	me, lo
04	te, la	09	nos, lo
05	se, los	10	se, lo

Ejercicio 79

01	me gustan	06	te da
02	te caen	07	me queda
03	le queda	08	me molesta
04	te interesa	09	me cae
05	le encanta	10	nos da

Ejercicio 80

01 Doce de octubre de mil cuatrocientos noventa y dos.

02 Catorce de julio de mil setecientos ochenta y nueve.

03 Seis de junio de mil ochocientos ocho.

04 Treinta de enero de mil novecientos sesenta y seis.

05 Diez de noviembre de mil novecientos setenta y cinco.

06 Once de septiembre de dos mil uno.

07 Diecisiete de febrero de mil seiscientos tres.

08 Nueve de noviembre de mil novecientos ochenta y nueve.

09 Veintidós de diciembre de mil novecientos noventa y cinco.

10 Cuatro de enero de mil quinientos setenta y siete.

Ejercicio 81

01 primer
02 octavo
03 primera
04 segundo
05 quinta
06 décimo
07 tercera
08 segunda
09 tercer
10 sexta

Ejercicio 82

01 ⓓ
02 ⓙ
03 ⓕ
04 ⓐ
05 ⓒ
06 ⓔ
07 ⓘ
08 ⓑ
09 ⓖ
10 ⓗ

Ejercicio 83

01 viviendo
02 trabajando
03 terminar
04 pensar
05 entrenar
06 intentar
07 hablando
08 reírme
09 intentar
10 leer

Ejercicio 84

01 te fuiste
02 se maquilla
03 Me relajaré
04 me levanto
05 se casarán
06 nos lavábamos
07 Te aburres
08 te duchas
09 se queja
10 acostarte

Ejercicio 85

Se pronombre reflexivo
Ellos se visten rápidamente para ir al trabajo.
Marta se ha peinado esta mañana.

Se recíproco
María y Carmen se vieron.
Jaime y Julia se pelean.

Se pasivo
Se venden pisos.
Se organizan eventos culturales cada mes.

Se impersonal
¡Qué bien se vive en este país!
Se dice que va a llover mañana.

Se dativo ético
Alejandro se comió toda la pizza.
Martín se leyó el libro de un tirón.

Ejercicio 86

01 Sí, cómpralo. / No, no lo compres.
02 Sí, cántala. / No, no la cantes.
03 Sí, enciéndela. / No, no la enciendas.
04 Sí, bórrala. / No, no la borres.
05 Sí, ciérrala. / No, no la cierres.
06 Sí, búscalas. / No, no las busques.
07 Sí, despiértalo. / No, no lo despiertes.
08 Sí, apágalo. / No, no lo apagues.
09 Sí, lávalo. / No, no lo laves.
10 Sí, llámalo. / No, no lo llames.

Ejercicio 87

01 no se lo des / Dámelo
02 no se las des / Dámelas
03 no se la des / Dámela
04 no se las cuentes / Cuéntamelas
05 no se lo digas / Dímelo
06 no se la leas / Léemela
07 no se lo envíes / Envíamelo
08 no se los regales / Regálamelos
09 no se las des / Dámelas
10 no se la pidas / Pídemela

Ejercicio 88

01 Haz
02 hagas
03 digas
04 Pon

05	Sé	08	Venga
06	Ponte	09	Sal
07	tengas	10	Tened

Ejercicio 89

01 ⓕ
Su madre se preocupó mucho porque Sofía no había llamado a su madre.

02 ⓐ
Decidieron irse porque ya habían esperado dos horas.

03 ⓖ
Andrea no aprobó el examen porque no había estudiado para el examen.

04 ⓔ
Carlos se sentía cansado todo el día porque no había dormido bien.

05 ⓚ
Nosotros tuvimos que caminar hasta la próxima parada porque habíamos perdido el autobús.

06 ⓙ
Juan se rompió la pierna porque se había caído en la calle.

07 ⓘ
Alicia no pudo trabajar porque no había cargado su ordenador.

08 ⓗ
La casa se llenó de mosquitos porque Pablo había dejado la ventana abierta.

09 ⓓ
No pudimos hacer el picnic porque había llovido durante la mañana.

10 ⓑ
Me dormí en el sofá porque había trabajado mucho durante el día.

Ejercicio 90

01	llegué	06	había traído
02	Había viajado	07	había metido
03	salí	08	Tenía
04	había	09	pregunté
05	me di	10	gasté

Autoevaluación

01	me llamo	21	has hecho
02	somos	22	cené
03	cantante	23	fui
04	Estoy	24	llegó / vio
05	habla	25	lo
06	bebe	26	Lo
07	empieza	27	Déjalas
08	Hay	28	abróchense / usen
09	tiene	29	llamaré
10	negros	30	hará
11	bicicleta	31	que
12	en	32	o
13	le gustan	33	ni
14	vuestros	34	pero
15	tan	35	caen
16	el mejor	36	mil quinientas setenta y una
17	Ø		
18	por	37	segunda
19	se acuesta	38	Podemos
20	Has estado	39	Acabo de
		40	había oído

Notas

Spanishmaster

900+

Vocabulario y gramática ①

◆ Traducciones ◆

자기 소개

Fecha: _____   Relectura: ✓ ○ ○ ○

Marta

제 이름은 Marta입니다. 저는 스페인 바르셀로나 출신이에요. 운동을 하는 걸 정말 좋아해요. 또한 스케이트보드 타는 것도 좋아해요. 음악 듣는 건 별로 좋아하지 않아요. 수업 후에는 친구들과 함께 시간을 보내고 피자 먹는 걸 좋아해요. 토요일과 일요일에는 숙제 하는 걸 좋아하지 않아요. 가족과 함께 쉬는 게 더 좋아요. 당신은요? 무엇을 좋아하시나요?

Eduardo

제 이름은 Eduardo입니다. 열여섯 살이고 생일은 9월 30일이에요. 스페인 동쪽에 있는 섬인 마요르카 출신이에요. 해안가에 있는 아파트에서 살고 있어요. 그 아파트는 정말 아름다워요. 저는 형과 누나가 있어요. 둘 다 저보다 나이가 많지만 우리는 모두 잘 지내요. 아버지는 요리사이고 어머니는 레스토랑에서 아버지와 함께 일해요. 여름에는 온 가족이 식당에서 일을 돕습니다. 정말 좋아요!

Isabel

안녕하세요! 제 이름은 Isabel이에요. 저는 스위스 출신이고, 부모님과 함께 여기에 이사 온 지 8년이 되었어요. 저희는 스페인 남부에 위치한 작지만 관광객이 많은 도시에 살고 있어요. 저는 여기서 사는 게 정말 좋아요. 젊은 사람들을 위한 다양한 활동이 있지만, 여름에는 가끔 관광객이 너무 많다고 느낄 때도 있어요.

나의 일상

Fecha: _____ Relectura:

저는 11살이에요. 멕시코의 아주 크고 중요한 도시인 몬테레이에 살고 있어요.

아침

저는 매일 아침 6시에 일어나요.

먼저 샤워를 하고 옷을 입어요. 학교에 가기 전에 제 방을 정리하고 형제들을 위해 아침을 준비해요. 그 후, 우리는 7시에 함께 아침을 먹어요.

7시 반에 집을 나서서 친구와 함께 버스를 타고 학교에 가요. 학교는 집에서 그리 가깝지 않아요. 우리는 빨간색 교복을 입고 책가방을 메고 갑니다.

수업은 8시 10분에 시작해서 2시에 끝나요. 학교는 아주 크고 현대적이에요. 친구와 저는 같은 반이에요.

오후

점심을 먹기 전에 저는 요가를 해요. 2시 반에 가족과 함께 집에서 점심을 먹어요. 점심을 먹은 후에는 엄마를 도와드리고 책을 읽거나 TV를 봐요. 5시에는 집 근처 학원에서 프랑스어 수업이 있어요.

저녁

우리 가족은 8시에 저녁을 집에서 함께 먹어요. 잠자리에 들기 전에 이를 닦고 머리를 빗어요.

마지막으로 9시에 잠자리에 들고 바로 잠이 들어요.

스페인의 주말

Fecha: _____   Relectura: ✓ ◯ ◯ ◯ ◯

스페인 마드리드 주민들은 주말에 많은 활동을 합니다. 그들은 공원, 레스토랑, 극장, 영화관 및 다른 재미 있는 장소에 가고 쇼핑도 합니다. 마드리드에는 주말을 보내기 위한 많은 흥미로운 장소가 있습니다.

La Plaza Mayor

마요르 광장에는 많은 카페, 바, 레스토랑이 있습니다. 일요일에는 우표 시장이 열립니다. 부엔 레티로 공원은 휴식과 산책을 하기 좋은 장소입니다. 이 공원에는 정원, 카페, 그리고 보트를 빌릴 수 있는 호수가 있습니다. 심지어 여름에는 콘서트도 열립니다! 또 다른 인기 있는 공원은 카사 데 캄포입니다. 여기에는 동물원, 수영장, 놀이공원, 그리고 보트를 탈 수 있는 호수가 있습니다.

시내에는 많은 상점들이 있습니다. 가장 유명한 백화점 중 하나는 엘 코르테 잉글레스이며, 여기서 마드리드 사람들은 옷, 음식 등 다양한 물건을 살 수 있습니다.

El Parque del Buen Retiro

Texto 4 | 건강한 식사

Fecha: _____ Relectura:

올리브오일:
요리할 때와 샐러드에 올리브오일을 사용하세요. 버터와 마가린 섭취는 줄이세요.

물:
하루에 2 리터의 물을 마시세요. 적당한 양의 차와 커피를 마실 수 있습니다. 설탕이 들어 간 음료는 피하세요.

1
제철의 신선한 채소를 먹으세요. 종류가 많을수록 좋습니다. 감자튀김은 예외입니다!

2
제철의 신선한 과일을 다양한 색상으로 드세요. 과일 주스를 마시는 것은 과일을 먹는 것과 같지 않다는 점을 기억하세요.

3
콩류, 살코기, 생선과 같은 건강한 단백질을 선택하세요. 가능한 한 붉은 고기와 가공육은 피하세요. 간식을 먹고 싶을 때는 호두, 아몬드, 헤이즐넛 등의 견과류를 드세요.

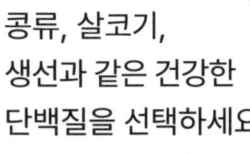

4
통밀빵, 현미, 통밀 파스타, 통밀 시리얼 등 다양한 통곡물을 드세요. 흰 빵이나 페이스트리 같은 정제된 밀가루가 포함된 제품은 피하세요.

| 금연: 5일차

Fecha: _____ Relectura:

오늘은 담배를 끊은 지 5일째 되는 날이에요. 성공할 수 있을까요? 아니면 실패하게 될까요? 시간이 지나면 알 수 있겠죠. 기분은 꽤 괜찮고, 이번에는 예전에 니코틴 패치를 사용해서 끊으려 했던 것보다 그렇게 어렵지 않습니다. 이번에는 정말 해내겠다고 다짐했어요.

담배를 끊는 건 마치 나 자신과의 싸움 같아요. 많은 사람들이 스트레스를 받을 때나 긴장할 때 잠깐이라도 기분이 나아질 거라는 생각에 담배를 피우곤 하죠. 하지만 담배 속 니코틴은 중독성이 아주 강한 물질이라, 피우면 피울수록 더 담배를 원하게 돼요.

오늘은 담배를 피우는 사람들과 함께 있지 않아서 도움이 됐어요. 여전히 가끔 담배 생각이 나긴 해요. 특히 뭔가 짜증 나는 일이 있을 때 더 그런 것 같아요.

하지만, 이제 깨달았어요. 담배를 피우는 게 사실 불편한 상황에서 도망치려는 핑계였다는 걸요.

스페인 여행 전에 알아야 할 문화와 예절

Fecha: _____   Relectura: ✓ ○ ○ ○

여행을 떠나기 전 훌륭한 여행자라면 그 나라의 문화와 예절에 대해 정보를 찾아보는 것이 중요합니다. 어떤 행동이 좋은 행동으로 여겨지는지, 또 어떤 행동이 무례한 행동으로 간주되는지 배우는 게 중요합니다.

우리가 다른 나라로 여행을 갈 때, 우리의 문화와 전통을 가지고 가게 됩니다. 하지만 그 나라에서는 우리 문화가 항상 적합하지 않을 수 있다는 것을 이해하고 열린 마음을 가져야 합니다. 꼭 안 좋은 매너가 아닐지라도, 때로는 웃음을 자아내는 작은 오해가 생기기도 하고, 가끔은 이런 실수들이 작은 갈등을 일으킬 수도 있습니다.

물론, 과음하지 않기, 침 뱉지 않기, 쓰레기를 쓰레기통에 버리기 등 국제적으로 통용되는 기본 매너가 있지만, 나라마다 고유한 관습이나 규칙이 있기 때문에 당황스럽더라도 이를 존중하는 것이 중요합니다. 예를 들어, 교환학생인 은지가 스페인에서는 인사할 때 양쪽 뺨에 두 번 키스하는 것을 알고 놀랐던 적이 있습니다. 이 작은 오해는 웃음으로 마무리되었습니다.

미래의 스페인 여행자로서, 다른 나라와 다를 수 있는 좋은 예절과 안 좋은 예절에 대해 알고 싶을 것입니다. 여기 몇 가지 예시를 소개합니다:

La Plaza de España de Sevilla

스페인 여행 전에 알아야 할 문화와 예절

인사할 때 두 번의 볼 키스

스페인에서는 남녀가 서로 인사를 할 때 양쪽 뺨에 두 번의 입맞춤을 합니다. 남자들끼리는 보통 가족이 아닌 이상 악수를 합니다.

친한 친구와만 포옹

스페인에서 포옹은 친한 친구나 신뢰하는 사람에게만 하는 행동입니다.

손가락으로 사람을 가리키지 않기

손가락으로 사람을 가리키지 마세요. 상대방이 자신에 대해 험담을 한다고 오해할 수 있습니다.

셔츠를 벗고 걷지 않기

도시에서는 셔츠를 벗고 걷는 것이 금지되어 있지는 않지만, 사람들이 불쾌하게 여길 수 있습니다. 바르셀로나와 같은 일부 지역에서는 이에 관한 법이 있으며, 셔츠를 입지 않고 다닐 경우 벌금을 받을 수 있습니다.

마지막으로, 항상 상식이 최고의 규칙이라는 점을 기억하세요!

신규가입
2,000
포인트 지급

스페인어 마스터는
스패니시마스터!

" 스페인어 왕초보부터 DELE 시험 대비, 통번역대학원 입시까지 "

언제 어디서나
온라인 수강가능

스페인어 전문
우수한 강사진

전 강의
PDF 교재 제공

강의목록 — ☐ ✕

- 왕초보 발음
- 왕초보 어휘
- 왕초보 회화
- 왕초보 문법 1탄 / 2탄 / 3탄
- 스페인어 통번역대학원 실전반 / 구술반
- 일상회화 표현 200

- Step up! 문법
- Step up! 어휘
- Step up! 회화
- DELE A2 청취 / 독해 / 구술 / 작문
- DELE B2 구술 / 작문
- DELE B2 청취 / 독해   2025년 상반기 오픈 예정

스패니시마스터
- 강사소개 -

곽은경 마스터
DELE부터 통대입시까지~ 시험 합격 마스터

한국외대 통번역대학원 한서과 국제회의통역 졸업

강의
- DELE B2 청취/독해/구술/작문
- 스페인어 통번역대학원 실전반/구술반

이유라 마스터
기초부터 탄탄하게 명확한 개념정리까지

한국외대 통번역대학원 한서과 국제회의통역 졸업

강의
- DELE A2 청취/독해/구술/작문

김유정 마스터
스페인어 공부 즐겁고 쉽게 시작해요

한국외대 통번역대학원 한서과 국제회의 통역·번역 졸업

강의
- 왕초보 발음 / 어휘 / 회화
- 왕초보 문법 1탄 / 2탄 / 3탄
- Step up! 문법 / 어휘 / 회화

Teresa 마스터
원어민에게 배우는 리얼 스페인어 회화

Universidad Europea de Madrid. Journalism (Periodismo) 졸업

강의
- 일상회화 표현 200

Notas

Notas

Notas

Notas

Notas